U0588919

生物教学模式与实验创新

刘君子　王　翊　徐浩健◎著

吉林科学技术出版社

图书在版编目（CIP）数据

生物教学模式与实验创新 / 刘君子，王翊，徐浩健
著. -- 长春 : 吉林科学技术出版社，2023.6
ISBN 978-7-5744-0669-8

Ⅰ．①生… Ⅱ．①刘… ②王… ③徐… Ⅲ．①生物课
－教学研究－中学 Ⅳ．①G633.912

中国国家版本馆CIP数据核字(2023)第136560号

生物教学模式与实验创新

著	刘君子 王 翊 徐浩健
出 版 人	宛　霞
责任编辑	赵海娇
封面设计	金熙腾达
制　　版	金熙腾达
幅面尺寸	185mm×260mm
开　　本	16
字　　数	262 千字
印　　张	11.5
印　　数	1–1500 册
版　　次	2023年6月第1版
印　　次	2024年2月第1次印刷

出　　版	吉林科学技术出版社
发　　行	吉林科学技术出版社
地　　址	长春市福祉大路5788号
邮　　编	130118
发行部电话/传真	0431-81629529 81629530 81629531
	81629532 81629533 81629534
储运部电话	0431-86059116
编辑部电话	0431-81629518
印　　刷	三河市嵩川印刷有限公司

书　　号	ISBN 978-7-5744-0669-8
定　　价	70.00元

前　言

　　分子生物学是一门新兴的边缘学科。它的迅速发展以及在整个生命科学领域的广泛渗透和应用，促使人们对生物学等生命科学的认识从细胞水平进入分子水平的应用研究尤其如此。这一学科在农业、畜牧、林业、微生物学等领域发展和应用十分迅速，如转基因动植物等。在医学领域，为医学诊断、治疗及新疫苗、新药物的研制等开辟了新的途径，使原有的学科发生分化组合，医学分子生物学等新的学科分支不断产生，使医学科学发生了深刻的变革。不认识到这一点，就很难跟上科学发展的步伐。

　　通过实验教学的合理实施，能够帮助学生将理论与实践紧密联系起来。深入创新生物实验教学模式，不仅可以高效完成生物实验任务，还能够培养、强化学生的实验探究能力。首先，教师须将预实验活动落实下去，以便充分了解各个实验环节，针对实验过程中暴露的不足，及时进行创新与优化，帮助学生成功开展实验。教师只有全面了解实验现象，才可以有效指导和解决学生遇到的各种问题，进而对学生的实验成效进行客观评价。其次，要对实验预习学案进行科学设计与优化。基于教材所实施的预习活动，学生难以对实验要点与流程全面掌握，进而制约实验活动的开展成效。因此，教师可以将图标式实验学案制作出来，全面、生动地呈现实验目标、原理、操作流程等各个环节，改善学生的实验预习效果，这样对于实验教学活动的高效实施也具有重大意义。再次，鼓励学生结合实验内容，大胆提出问题。为帮助学生进一步掌握实验内容，须充分发挥学生的思考能力，鼓励学生结合实验过程，将自己的疑问、见解及时提出来，这样，学生的质疑精神能够得到培养，也可以深化实验教学的整体效果。总之，通过预实验的开展，教师能够对实验教学计划有更加科学的安排，增强实验教学的科学性。本书从生物教学的现状出发，结合生物科学自身特点，系统讲述了生物教学的设计理念、创新方法、教学模式以及生物学课堂实验的模式与创新等；提出了适应新形势的教学模式和培养学生创新思维的多种方法和途径。

本书的写作目标是：第一，在理论层面上，通过对生物教学设计的价值取向、原理、原则、课型、模式、策略、方法及评价等一系列教学问题的研讨，揭示生物教学设计的理论基础和基本规律，推动生物教学设计理论的发展和普及。第二，在操作层面上，对生物教学设计的工作方法、步骤、程序的探索，有助于生物教学系统设计方法的普及，提高生物教师进行教学设计的意识和能力，推动教学改革的深入发展，促进课堂教学优化，从而大幅度提高课堂教学质量，推进素质教育的全面实施。

目　录

第一章　生物教学概述

第一节　生物教学的过程

一、生物教学的本质与结构

（一）生物教学的本质

明确教学过程的本质，对于教学实践有重要的指导意义。教学过程是教师和学生共同进行的一种专门的、特殊的认识过程。传统教学过程是教师讲、学生听，教师写、学生抄，教师考、学生背，是一种教师灌、学生装的单向传递。现代教学理念强调教学过程既是学生的认识过程，又是学生的发展过程。学生本身是一个复杂的统一体，认识过程和情感、意志、个性的形成是交织在一起的。认识的发展，必然要影响情感、意志、个性的发展。教学与发展是互为因果、相互促进的。学生的认识过程和发展过程是由教师、知识、学生三个基本要素组成的，教师、知识、学生就像是一个鼎，三位一体，缺一不可，不能独立存在。

由此可见，教与学的关系问题是课程教学过程的实质问题，同时也是教学论中的重大理论问题。教学是教师的教与学生的学的统一，这种统一的实质是交往、互动。因此，教学过程是师生交往、积极互动、共同发展的过程。没有交往、没有互动，就不存在或未发生教学，那些只有教学的形式表现而无实质性交往发生的"教学"是假教学。把教学本质定位为交往，是对教学过程的正本清源。它升华了"把教学看成是教师有目的、有计划、有组织地向学生传授知识、训练技能、发展智力、培养能力、陶冶品德的过程"这一传统观点。

（二）生物教学过程的结构

教学过程结构是指教学活动的运动、变化、发展在时间连续性上展开所需要的基本阶段。教学过程结构是一个相对稳定的动态系统，任何教学过程结构都不是一成不变的，也不是万能的。教学过程结构有常式和变式两种。

1. 生物教学过程结构的常式

所谓常式，是指具有较广泛适应性的常规的教学过程结构，即一般教师在日常教学活动中经常采用的基本教学结构。生物教学过程结构是"动机、感知、理解、巩固、运用、反馈"。

（1）动机

教学首先要引发动机，教学过程中要维持动机，这是由人的活动本质决定的。不论是教的方面还是学的方面，首先要明确教学目标和教学任务，教师要把教学目标和教学任务具体化以激发学生的内在心理需要。许多教师在教学的引入中常常通过鲜明的教学情境来呈现教学目标和教学任务，目的就在于激发学习动机，引导学生的有意注意。

（2）感知

感知是学习的客体在学生意识中的反映，即在学生头脑中初步形成有关客体的概念。对学生来说，感知生命事物和现象可能经过不同的途径：在观察、实验和实际操作中直接感知；通过事物和现象的符号形式，以及教师的语言信息间接感知。教师的任务在于使感知的领域尽量广泛，尽量接近学生生活经验，把客体的直观与文字、语言、符号的直观结合起来。指导学生周密地观察，教他们学会捕捉主要的、基本的、本质的东西，以便获得客体事物的清晰表象。

（3）理解

理解是对表象（事实）的加工过程，是形成概念、发现规律的思维活动。理解必须在比较、分类、综合、抽象、概括、推理等智力心理活动中进行。理解是培养和发展学生心智技能的重要途径，形象思维能力和逻辑思维能力主要是在理解的过程中形成的。

（4）巩固

巩固是引导学生把所学习的知识、技能、方法等牢牢地保持在认知结构中，理解和巩固是两个既独立又互为依存互为条件的学习环节。理解是巩固的前提，巩固的过程是进一步深化理解的过程。一些抽象的原理规律的学习，如呼吸作用、遗传的三大规律、遗传的物质基础等，如果不理解或不能正确理解其生理机制和内在的运动规律，靠死记硬背是不可能巩固的。所以，教学上的巩固就是对理解不断强化的过程。

（5）运用

知识的运用在教学过程结构中占有重要的地位。师生间的教与学，不仅要保证知识的理解性、深刻性和牢固性，而且要保证知识的实效性，即能够把知识运用于学习和生活实践。以这种或那种方式运用知识，是教学过程中每一个环节都要进行的，并且是直接地由掌握知识的逻辑决定的。它不仅能强化理解和巩固的质量，而且是培养学生的生物学能力和发展学生智力的重要手段。

（6）反馈

反馈就是"对教学内容的掌握情况进行检查和评价"。它要求教师不仅要具备高水平的教育技巧，而且要有高度的教育敏感性。就其本质来说，教学过程的反馈机制愈完善，对教学活动质量的控制就愈有效。

2. 生物教学过程结构变式的衍生

生物教学过程结构的变式，是在常式的基础上衍生的。衍生的主导性观念大致有以下四种：

第一，以教师为中心进行变换。这种观念把教学过程仅仅看成是教师系统地向学生传授生物学知识的过程，教学中只有教师单方面的活动，学生只是被动地接受教师所传授的知识，忽视学生的亲自实践和主动精神。

第二，以学生为中心进行变换。这种观念是对"教师中心"的否定，它忽视教师在教学过程中的指导作用，片面强调学生的直接经验，忽视书本知识的系统传授。

第三，以教材内容结构为中心进行变换。这种观念以学科的"科学逻辑"作为教学过程设计的依据，强调"教学"是教授和学习"学科的基本结构"。学科结构型教学的教学难度较难控制，因此往往超越学生的学习能力和水平，较适合于智力水平较高的学生学习。

第四，以师生相互作用为中心进行变换。这种观念把教学过程看成是以教师为主导，以学生为主体的辩证统一的过程。在这一过程中，教师只起指导引导、点拨、评判，起引路人、证明人的作用，学生则表现为自知、自学、自我评价、自我发展、自我完善，真正成为学习的主人。

二、生物教学过程的特点

众所周知，教师、学生和教学内容是教学过程中的三个基本要素。教师在教学过程中应与学生积极互动、共同发展，要处理好传授知识与培养能力的关系，注重培养学生的独立性和自主性，引导学生质疑、调查、探究，在实践中学习，促进学生在教师指导下主动地、富有个性地学习。教师应尊重学生的人格，关注个体差异，满足不同学生的学习需要，创设能引导学生主动参与的教育环境，激发学生的学习积极性，培养学生掌握和运用知识的态度和能力，使每个学生都能得到充分的发展。生物教学过程的特点可归纳如下。

（一）教学过程是内容活化、创新的过程

在传统的教学论中，"课程"被理解为规范性的教学内容。这就意味着，"课程"只是政府和学科专家关注的事，教师无权也无须思考课程问题，教师的任务只是"上传下达"，从而导致教学的过程就是忠实而有效地传递和执行课程内容的过程。在新的大课程论中，教学论成为课程论中的一个方面，课程不只是"文本课程"，更是"体验课程"。这就意味着，课程的内容及意义在本质上并非对所有教师与学生都相同，在特定的教育情境中，每一位教师与学生对给定的课程内容都有自己的理解，对给定课程内容的意义都有自己的解读。这就需要教师从"以学生发展为本"的教学理念出发，对所教课程的教学内容进行重组或改组，以期在教学过程中使教师教的内容能不断转化为适合特定学生学习，有利于学生发展的活化的学的内容，从而使教与学的内容不断进行变革和创新，焕发出"生命"的活力，以满足学生生命的成长和发展的需要。

因此，教学过程不只是传统意义上的传递和执行课程的教学内容的过程，更是课程的教学内容在活化的基础上不断创新的过程。

（二）教学过程是学生思考、体验的过程

在传统的教学设计和教学活动中，教师只关心教学流程的程式化、细节化，有时为了赶进度，不惜牺牲学生领会、理解教学内容的时间。从而使教师对教材、教案的认知过程代替学生对学习内容的认知过程，使教学过程沿着教师预先设计好的"轨道"进行，一切尽在教师的掌握之中，丧失了教学过程中学生的能动性、创造性和应有的情感性。生物课程强调"把思考还给学生"，目的是让学生经历知识产生、发展和形成结论的丰富、生动的思考、探索过程，从而在这个思考、探索过程中通过感受、领悟而获得积极、愉悦的情感体验。通过学生思考、体验这些心理过程，发展与提升学生的情感、态度、价值观和生活方式这些衡量人的发展最深层的指标，使教学过程从一种简单地传输、传递和接受知识的过程变成一种伴随着学生对学科知识的思考和获得，促进学生人格健全和全面发展的体验过程。

（三）教学过程是师生互动、发展的过程

在传统的教学中，教师负责教，学生负责学，教学成了教师对学生单向的"培养"活动。它表现为：一是以教为中心，学围绕教转，从而使"双边活动"变成了"单向传递"；二是以教为基础，先教后学，从而使学生的学习方式变为简单地"复制"教师讲授

的内容。总之，学受制于教，学无条件地服从于教，教学由共同体变成了单一体，学生的主体性、主动性和自主性受到了限制，从而也导致了学生发展有效性的丧失。生物课程强调教学过程是教师与学生在平等基础上的交往、互动，从而使师生双方达到相互交流、相互沟通、相互启发、相互补充，实现共同发展的过程。在这个过程中教师与学生既能分享彼此的成功与喜悦，也能分担双方的挫折与困惑。因此，教学过程不只是教师教学生学的过程，还是教师从学生的学习中获取"营养"和价值的过程，更是师生在平等交往、积极互动的基础上共同发展的过程，从而真正实现教学相长。

三、生物教学过程要正确处理好几对关系

生物教学过程的理念和行为都是新型的，因此广大教师要正确处理好以下几对关系。

（一）传递执行和创新开发的关系

在传统的教学论概念系统中，"课程"被理解为规范性的教学内容，而这种规范性的教学内容是按学科编制的，故"课程"又被界定为学科或各门学科的总和。这就意味着，"课程"只是政府和学科专家关注的事，教师无权也无须思考课程问题，教师的任务只是教学。课程和教学成为两个彼此分离的领域。教学的过程就是忠实而有效传递课程的过程，而不应当对课程做出任何调整和变革。教师只是既定课程的阐述者和传递者，学生只是既定课程的接受者和吸收者。这是传统课程所倡导的教学观。

当课程由"专制"走向民主，由封闭走向开放，由专家研制走向教师开发，由学科内容走向学生经验的时候，课程就不只是"文本课程"，而是"体验课程"。这意味着课程的内容和意义在本质上并不是对所有人都是相同的，在特定的教育情境中，每一位教师和学生对给定的内容都有其自身的理解，对给定内容的意义都有其自身的解读，从而对给定的内容不断进行变革与创新，以使给定的内容不断转化为"自己的课程"。因此，教师和学生不是外在于课程的，而是课程的有机构成部分，是课程的创造者和主体，他们共同参与课程开发的过程。这样，教学就不只是课程传递和执行的过程，而是课程创新与开发的过程。教学过程因此成为课程内容持续生成与转化、课程意义不断建构与提升的过程。这样，教学与课程相互转化，相互促进，彼此有机融为一体。课程也由此变成一种动态的、生长性的"生态系统"和完整文化，这意味着课程观的重大变革。在这种背景下，教学改革才能真正进入教育的内核，成为课程改革与发展的能动力量，成为教师与学生追寻主体性、获得解放与自由的过程。

（二）教与学的关系

教学过程的本质问题是教与学的关系问题。在传统的教学中，教师负责教，学生负责学，教学就是教师对学生单向的"培养"活动，它表现为：一是以教为中心，学围绕教转。教师是课堂的主宰者，所谓教学就是教师将自己拥有的知识传授给学生。二是以教为基础，先教后学。学生只能跟着教师学，复制教师讲授的内容。总之，传统教学只是教与学两方面的机械叠加。

教学是教与学的交往、互动，师生双方相互交流、相互沟通、相互启发、相互补充，在这个过程中教师与学生分享彼此的思考、经验和知识，交流彼此的情感、体验与观念，丰富教学内容，求得新的发现，从而达成共识、共享、共进，实现教学相长和共同发展。交往昭示着教学不是教师教、学生学的机械叠加，传统的严格意义上的教师教和学生学，将不断让位于师生互教互学，彼此将形成一个真正的"学习共同体"。在这个共同体当中，学生的教师和教师的学生不复存在，代之而起的是新的术语：教师式学生和学生式教师。教师不再仅仅去教，而且也通过对话被教，学生在被教的同时，也同时在教。他们共同对整个成长负责。对教学而言，交往意味着人人参与，意味着平等对话，意味着合作性意义建构，它不仅是一种认识活动过程，更是一种人与人之间平等的精神交流。对学生而言，交往意味着主体性的凸显、个性的表现、创造性的解放。对教师而言，交往意味着上课不仅是传授知识，而是一起分享理解，促进学习；上课不是单向的付出，而是生命活动、专业成长和自我实现的过程。交往还意味着教师角色定位的转换：教师由教学中的主角转向"平等中的首席"，由传统的知识传授者转向现代的学生发展的促进者。

（三）结论和过程的关系

结论与过程的关系是教学过程中一对十分重要的关系，与这一关系相关的还有学习与思考、学会与会学、知识与智力、继承与创新等关系。从学科本身来讲，过程体现该学科的探究过程与探究方法，结论表征该学科的探究结果（概念原理的体系）。二者是相互作用、相互依存、相互转化的关系。探究过程和方法论必然对应着探究结论或结果，概念原理体系的获得依赖于特定的探究过程和方法论。如果说，概念原理体系是学科的"肌体"，那么探究过程和探究方法就是学科的"灵魂"。二者有机结合才能体现一门学科的整体内涵和思想。无论对哪一门学科而言，学科的探究过程和方法论都具有重要的教育价值，学科的概念原理体系只有和相应的探究过程及方法论结合起来，才能有助于学生形成一个既有肌体又有灵魂的活的学科认知结构，才能使学生的理性思考过程和精神世界获得实质性的发展与提升。不仅要重结论，更要重过程。

重结论、轻过程的传统教学排斥了学生的思考和个性，把教学过程庸俗化到无须智慧努力，只须听讲和记忆就能掌握知识的那种程度，于是便有了掌握知识却不思考知识、怀疑知识、评判知识、创新知识的"好学生"。这实际上是对学生智慧的扼杀和个性的摧残。现代教育心理学研究指出，学生的学习过程不仅是一个接受知识的过程，而且也是一个发现问题、分析问题、解决问题的过程。这个过程一方面是暴露学生产生各种疑问、困难、障碍和矛盾的过程，另一方面是展示学生发展聪明才智、形成独特个性与创新成果的过程。当然，强调探索过程，意味着学生要面临问题和困惑、挫折和失败，这同时也意味着学生可能花了很多时间和精力，结果表面上却一无所获，但是，这却是一个人的学习、生存、成长、发展、创造所必须经历的过程，也是一个人的能力、智慧发展的内在要求，它是一种不可量化的"长效"、难以言说的丰厚回报，而眼前消耗的时间和精力是值得付出的代价。

（四）生成与预设的关系

关注和提倡动态生成真实地反映了课堂教学的实际。因为在课堂教学活动的"行进"过程中，教师难以预料课堂上可能发生的事情，对学生的"反应"也难以预测，所以，课堂上必须坚持"动态生成"。这不仅是教师教学机制的体现，更是课堂教学质量和效率的要求。但是，"动态生成"并不否定"预设"的重要性，它们之间也并不是互相排斥和"有我无你"的。相反，"生成"的质量在某种程度上说，却依赖于"预设"的质量。教师在备课时，尽管不可能谋略到课堂上的"一丝一毫"，但可以想得细一点、全一点、精一点。而且，预设得是不是巧妙、是不是有创意，可能直接影响到课堂上生成得是不是"顺利"。我们经常看到一些特级教师、名师的课"亮点"闪烁、异彩纷呈，除了他们驾驭课堂的娴熟技术之外，上课之前的精心准备（预设得完美）也是直接的因素。

（五）自主与导引的关系

自主性学习是新课程在学习方式上的重要理念。让学生"自主"地确定学习内容、选择学习方法、寻找学习伙伴和评价学习效果等，是我们在新课程背景下所积极倡导的。这种学习方式的提倡和形成，确实有助于提高学生学习的积极性和主动性，特别是有助于张扬学生的个性和调动学生的学习兴趣。但是我们也会看到，有些课堂上的自主学习，似乎有点"放任"，时效性不高。这是缺乏教师应有的导引的表现。学生的自主学习本来就不应该离开教师的导引。我们说，课堂上学生的"自主"活动应该是有目的的、有目标的，而一部分学生又恰恰是懵懂的，所以很容易发生"意外"和出现"差错"，这当然就需要教师做及时正确的导引，以使学生能够达到一定的学习目的和有效地达成学习目标。另外，学生也有自己的价值判断，有对事物的好恶喜厌，难免存有"随意"，甚至是"错误"的地方，这就需要教师做些适当的点拨与提示。所以说，自主与导引必须"合二而一"，必须"高度统一"，只有这样，自主性学习才能真正产生实效。

第二节　生物教学的理念和原则

一、生物教学的理念

新一轮基础教育课程改革倡导新的课程价值观，即改革课程注重知识传授的倾向，强调形成积极主动的学习态度，使获得基础知识和基本技能的过程同时成为学会学习和形成正确价值观的过程，关注学生的整体人格和个体差异，使每个学生都能得到充分的发展。教学是贯彻课程改革精神、实现课程改革目标的主要途径，课程价值观的转变迫切要求建立与之相适应的教学理念。

（一）从只追求知识目标到倡导学生的全面发展

知识一直是课程的主要内容和课堂教学传递的主要信息。知识教学的核心问题在于"如何有效地呈现这些知识"和"如何有效地掌握这些知识"。

学校教育的目的在于促进学生的发展，在于培养德智体全面发展的人。任何教育教学活动无视或偏离了学生的发展，就是"方向性错误"，也就失去了存在的意义与价值。重理论、轻实践，重理性、轻感性，重态度、轻方法，使学科教学弱化了对学生发展的作用，弱化了素质教育的功能。新一轮基础教育课程改革倡导课程价值观的更新，强调由"知识本位"向"以发展为本位"转变。学科教学要立足学生的发展，全面培养学生的素质，为他们的终身发展奠定基础。

在知识与发展的关系上，知识是手段，发展才是目的，掌握知识要为发展服务，拓展其育人的价值。例如，教师通过生物学知识的讲授培养学生可持续发展的思想、环保的意识，建立生物学的观点。这些思想观念对学生具有独特的作用。

（二）从"教教科书"到"用教科书教"

在传统的教学论概念系统中，教材必须严格地按每门学科的逻辑体系来组织，它是教师所教、学生所学的客观对象，从整体上制约着教师的教和学生的学。这就意味着"教学内容"只是政府和学科专家所要研究解决的问题，教师无权也无须思考这个问题。教师的任务就是"教教科书"，就是以系统的讲解、叙述、演示和释疑为基本方法阐释、传递教学内容。

新课程倡导发展性教学，教师不再仅仅是"教教科书"，而是"用教科书教"。这不是文字游戏，而是课程观念的重大转变。

在课程本质的理解上，"教教科书"者认为，课程内容集中体现于教学计划、课程标准和教科书，视教科书为教师教、学生学的主要依据，是教师备课、上课、布置作业、检查学生学业成绩的主要材料，甚至窄化为唯一材料。而新教学观认为，教师是学生学习的促进者，是教育教学的研究者，是课程的建设者和开发者。这一方面是为了让师生的生活和经验融入教学过程，让教学"活起来"；另一方面，也是为了开阔教师的教育视野，转变教师的教育观念，从而更好地激发教师的创造性智慧。因此，"用教科书教"就要开发、利用丰富的校内外课程资源，深化、拓展教学内容，根据自身实际创造性地使用教材，体现个性化的风格和特点，而不是局限于教科书，生搬硬套地教教科书。

在教学目标上，"教教科书"追求的是讲清重点，突破难点，帮助学生深刻理解教材，领会、掌握大纲规定的知识和技能。而"用教科书教"则瞄准学生的发展，虽然也要讲授知识，但并不停留于此，还要研究知识掌握如何促进素质的发展。

在教学地位上，"教教科书"意味着教师只能扮演"执行者"和"传声筒"的角色，很少有发挥自主性的余地和空间，自己喜欢、能融入激情的不能多讲，自己不喜欢的又不得少讲，缺少专业自主所需的自由度。而"用教科书教"则意味着课程由"专制"走向民主，由封闭走向开放，由课程专家说了算走向教师和学生均有课程开发、实施的自主权。教师不是外在于课程，而是课程的有机构成部分，是课程的开发者、创造者。

在教材内容的处理上，"教教科书"必须源于教材，忠于教材。而"用教科书教"则有较大的自主性和灵活性。在特定的教育情境中，每一位教师对给定的内容都可以而且应该有自己的独特理解，对给定内容的意义有自己独特的解读，从而对给定的内容不断进行变革与创新，努力使之转化为"自己的课程"。

（三）从科学理性至上到科学与人文素养兼顾

教育中的"科学理性至上"首先表现为价值取向上的重理轻文，把自然科学视为无所不能的真学问、硬学问、有用的学问，而把人文社会科学当作无足轻重的虚学问、软学问、无用的学问。其次，在教育目标追求上，不分教育的性质和层次，把培养科技专家当作所有教育的出发点和归宿。再次，教育方式方法上的机械化和非人性化。统一的教育内容，统一的课程编制，统一的教学方法，统一的考评标准，制造出统一的"教育成品"。"科学理性至上"对教育的负面影响是显而易见的。第一，把科学奉为教育的至上和至尊，人为割断了自然科学和人文社会科学相互联系与渗透的纽带，不利于人文社会学科教育的健康发展；第二，它强化了社会对教育的片面化需求，致使教育偏离促进人全面发展的根本目标；第三，它导致教育教学过程的非人性化，使本应生机勃勃、充满生命活力的教学过程变为僵死的程序和机械的流程。这种非人性化的教育批量生产出来的人有可能忽视生命的价值和意义，充其量只是发育不全的"技术人""工具人"。

以完整的教育观审视，科学教育和人文教育在目标指向上是一致的。科学教育旨在教人掌握先进的科学技术，获得认识世界、改造世界、创造物质财富的能力；而人文教育重视个体人格和心性的完善，它有助于开阔眼界，陶冶情操，有助于鼓舞斗志，凝聚力量，激发活力，有助于树立正确的世界观、人生观、价值观，从而在一定意义上体现了教育的本质和根本目的。

（四）从注重结论到经历过程与记取结论并重

传统的学科教学是以掌握知识、记取结论、达成目标为取向的。学科教学之所以重结论、轻过程，首先是因为传统教学论认为学校诞生就是以传授间接经验（书本知识）为标志的，学科教学自然应以传授间接经验为主。而这些知识又要按照内在逻辑设计成教材呈现给学生，这就容易给人造成一种错觉，即把知识作为课程的全部，学生必须通过课程接受知识，而且仅仅通过课堂教学接受知识。其次，在课堂教学中，知识线索是明显的，结论是明确的，教师以知识传授为主轴组织教学，得心应手，而学生的"过程体验"是"说不清道不明"的，情感、意志、性格、价值观的形成重在潜移默化，且非一日之功，这就给教师培养学生的情感、态度、价值观带来了困难。最后，尽管考试改革一直不断，有关考试制度的理论研究成果甚丰，但大大小小各种类型的考试仍要以知识的熟练掌握和灵活运用为主体，至于过程体验、个性发展的情况则难以考查，甚至无法通过卷面考查。在升学、就业的压力有增无减的形势下，教师重结论、轻过程也就不难理解了。

无论从何种意义上讲，教学总是要让学生理解和掌握必要的具有统一性的结论，因而必须重结论。但目光停留于此，教学满足于此是远远不够的。从间接经验与直接经验的关系来看，间接经验表现为书本知识，是教师所重点传授并着重强调的结论。学生学习和掌握这些"结论"是抽象的，有困难的，必须借助于在"经历过程"中获得的直接经验。陶行知先生曾举例说："要让学生理解哥伦布发现新大陆的故事，就要坐过海帆船，遇到过大风暴雨，看过野人，住过新大陆，不得已也要渡过湖，再其次也要渡过江，再其次也要渡过河，万不得已也要看过池塘。倘无一点乘船渡河的经验，我不知道他如何懂得哥伦布之探险。"当然，学生不可能学习任何知识都要如此亲身经历，但必须经过一系列质疑、判断、比较、选择以及相应的分析、综合、概括等多样化的过程，没有多样化的思维过程，没有多种观点的碰撞、论争和比较，"结论"就难以获得，难以真正理解和巩固。而从能力、情感、态度、价值观的形成过程来看，更需要"经历过程"。对于学生的发展来说，知识的价值固然重要，但情感体验、正确态度和价值观的形成也非常重要。所以，教学必须既重结论，又重过程。

二、生物教学的原则

（一）实事求是原则

实事求是的原则，要求我们在生物学教学研究过程中必须按客观规律办事，一切以客观实际为准绳，排除一切主观偏见。贯彻这一原则的基本要求有以下几点。

1. 要真实

研究材料必须真实可靠，否则一切研究过程和结果均毫无意义。在调查、提取材料的时候必须实事求是，在运用材料的时候必须经过严格的查证核实。研究者所做的任何判断和结论，都必须是在客观事实基础上，切忌主观臆断和夹杂个人感情色彩。

2. 要全面

事物是互相联系的，事物的各种属性间也是相互依存的。在把握研究对象的属性与特征时，一定要注意全面性，防止以偏概全。

3. 要细致

各种研究对象既有质的区分，又有量的界限。对客观世界的调查研究，都必须深入细致。不仅明确其质的区别，还要掌握其量的界限。

4. 要将研究精神与研究结果区分开

生物教学研究是一项艰苦的、创造性的工作，但研究者不能因为研究工作艰苦、实验精神可嘉就对研究结果不加区别予以较高的评价。研究精神不等于研究结果，在对研究精神予以肯定评价的同时，对研究结果应持谨慎、客观的态度。

（二）科学性原则

科学性原则，就是要求生物学教学研究从课题的选定到成果的形成，从方法手段到态度作风都必须科学，不能违背规律去主观蛮干。科学性原则是生物教学研究的一项根本原则，贯彻这一原则的基本要求是：

1. 研究课题要科学

课题本身是否科学，是个牵动全局的问题。如果课题本身缺乏科学性，研究价值不高，在研究过程中付出再大的努力，也不会有更大的意义。所以，选题一定要慎重，要经过科学分析和论证。

2. 研究过程、方法、手段要科学

科学研究必须运用科学的方法，只有科学地组织研究过程，运用科学的方法和手段进行研究，才能顺利地取得科学成果。在实现研究过程、研究方法、研究手段科学化过程中，关键的问题在于充分发挥创造性，不要企图从典籍中拿到万能的妙方，而要把主要精力用到"创造自己的东西"上。

3. 成果要科学

教育教学是一个复杂的社会活动，受多种因素的制约。教育教学制约因素的复杂性，导致了获得科研成果的艰巨性，对已取得的结果必须经过反复查实论证或实践检验，以确保其科学性。

4. 态度要科学

教育教学研究者必须保持严肃的科学研究态度，这是保证研究成果科学性的前提。

（三）理论与实践相结合原则

1. 重视理论对实践的指导作用

指导教育教学科研的理论基础是马克思主义哲学。哲学是全部科学研究之母，教育科学的发展史表明，教育科学的产生和发展，一直是和一定的哲学思想相联系的。历史上的任何一位教育家，他们在解释教育现象，阐述教育原理，提出教育主张时，都是和哲学思想相联系的。所以，开展教育教学研究，首先要学习和研究先进的哲学思想。其次，当代教育科学已经发展为一个科学群。这个科学群的结构和功能已向着多元化和多层次发展。它既有基础性，又有技术性、应用性。教育科学涉及从宏观到微观的各个领域，涉及社会的政治、经济、文化、科技，以及人的自然生长规律，所以，不但要把握先进的哲学，而且还要从整体上通晓现代科学基础，学习和了解现代教育学、心理学教学论、经济学、社会学以及现代数学等学科的原理和观点。

生物教学研究，只有重视理论指导，善于汲取现代科学中的新理论、新成果和新方法，不断从现代科学思想中汲取丰富营养，以更广阔的学术背景为基础，不断从新的角度、新的层面、新的方式展开研究，才能不断有新的发现和新的创造，从丰富多彩的实践中揭示出新的规律。

2. 重视对教育教学实践经验的总结

一切科学理论都是在实践中产生的，又是在实践中发展的。我国教育工作者创造的许多宝贵经验，特别是经过反复验证的经验，大都是在马克思主义教育思想指导下，反映社会主义教育规律的认识和实践。因此，要建立具有中国特色的教育科学体系，发展社会主义教育理论，就必须重视对我国教育工作的实践经验进行理论的总结。同时，还应鼓励和提倡研究工作，到火热的改革实践中去，在改革中发现、总结经验，并进行提炼加工，去粗取精，上升为科学的理论。

3. 重视教学研究实验

教学研究实验是教学科研的生命。我国教育科学的发展动力和基础就在于广泛而深入地开展教育教学实验。教育教学实验作为教育科研的基本方法，通过有目的、有计划的实验研究，可以得到更客观、更准确的定量性结论，能更深入地认识教育教学的客观规律。经过实验，还可以有意识地把难免反复或失败的过程及可能遇到的问题和可能存在的优劣进行选择，尽可能放在先行的小规模实验中实现，以实验中较小的代价获得能推动大范围教育实践的规律性认识。通过实验，特别是通过实验与改革的联系、渗透和融合，教学研究实验就越易在规模的程度上与教学实际工作结合起来，成为教学改革的有效途径和特殊形式。

（四）客观性与全面性相结合原则

客观性与全面性相结合，即教学研究必须采取严格的客观态度，全面系统地占有材料，最大限度地保证研究过程和研究结果的客观性和准确性。贯彻客观性与全面性相结合原则的基本要求是：

1. 全面搜集材料、充分掌握事实

没有事实或没有足够的事实作为依据，就不可能进行有效的科学研究。教学研究是以事实为基础的，而事实或资料则是通过某种方法而获得的，搜集事实材料时，首先要考虑需要搜集哪些材料，怎样搜集才能达到全面性要求，并依此做出计划，按计划收集；其次，坚持系统的工作程序，不从主观愿望出发，以科学、公正、客观的态度对全部资料进行研究，找到事实的来龙去脉；第三，在分析研究中，如发现尚缺什么材料，应认真去寻

找和补充，不应主观臆想，采取主观主义的态度。

2. 坚持一切从实际出发的客观忠实态度

事物的发展规律，只能从事物本身的运动变化的事实中引申出来。在生物教学研究实践中，只有采取严格的客观态度，忠实地反映客观现实，才能正确地认识客观事物中的因果关系和必然联系，才可能获得科学的结论。所以，要求从事生物教学研究的老师及教研员，对观察或实验中搜集的事实材料与数据，绝对要如实记录，要按照严格的科学态度和方法处理材料、概括结论。即使自己的研究结果与自己的愿望相违背，也必须绝对忠于研究的结果，绝不应以个人的利害得失而违反实事求是的原则。

3. 保证研究过程和成果的客观性和准确性

一是必须有端正的、严谨的科学态度，既实事求是，又不畏艰辛，才能获得可靠而又准确的结果；二是应合理地选择研究方法；三是所搜集来的材料，必须是真实的、全面的、准确的、典型的，对现象的观察和事实的记录必须是真实的、全面的、准确的；四是材料必须得到正确的、科学的处理，分析讨论必须实事求是，推论时必须严格遵守规则；五是对研究结果的表述应力求达到高度准确性。

（五）继承与创新相结合原则

继承与创新相结合的原则，是指生物学教学研究应遵循马克思主义唯物辩证法和历史唯物主义的原理。既要对历史上和前人的研究成果批判继承，又要根据新的实践要求不断发展创新，使批判继承与创新相结合。贯彻继承与创新相结合原则的基本要求是：

1. 批判地继承历史的认识成果

要坚持历史唯物主义观点，正确对待历史上或前人的认识成果，善于运用马克思主义的唯物辩证法的分析方法，对历史的经验和思想理论加以批判地继承，使一切有价值的经验和理论在新的条件下加以发展。

继承历史的认识成果，首先要认真研究我国自古以来教育的、文化的优秀遗产，同时也要研究外国教育史中先进的思想和理论。所以从事生物教学研究的教师和教研人员应遵从唯物辩证法的观点，贯彻"古为今用，洋为中用"的方针。

2. 正确处理批判与继承、继承与创新的辩证关系

继承是推动一切科学的重要手段，而创新则是一切科学发展活动的灵魂。生物教育教学研究不能没有继承，更不能没有创新。继承和创新相结合，是推动科学研究发展的一条重要规律。继承和创新的辩证关系，首先表现在任何创新都是有条件的。人的创新离不开

早已存在和足以提供创新活动的已有材料，这些材料来自前人或他人的实践经验和认识成果。人类历史的实践，不仅提供着借以创造的材料，也提供着各种进行创造的要求与内容的信息。善于运用前人或他人的认识成果，开辟新的认识领域，获得新发现，提出新的观点，是一切科学研究的必由之路。其次，人们在进行创造活动时，都要遵循科学的认识规律，借助于前人和他人的科学的创造思维和研究方法。因此，创造既是人类认识的发展过程，又是人类认识的连续过程。

3. 发扬勇于探索、锲而不舍的创新精神

生物教学研究与其他科学研究一样，不是重复前人或他人的劳动，而是在继承已有认识成果的基础上，进行十分艰巨的新探索。只有在继承的基础上进行不断的探索创造，才能使认识深化，使理论完善和发展。首先，勇于探索者首先要解放思想，不迷信本本，不迷信权威，敢于冲破守旧势力和传统观念的束缚，敢于在前人没有走过的路上开拓前进。其次，要不断地锻炼自己创造性的思维品质，克服习惯性思维的障碍，将封闭性、单一性、随意性的思维方式转变为开放性、多维性和批判性。此外，还要在研究中正确对待失败，善于在挫折和失败中总结经验和教训，树立百折不挠的恒心。

（六）定性与定量相结合原则

1. 深入实际，细致观察，掌握本情真相

教学研究中运用定性的方法，主要是运用理论分析和逻辑分析，通过分析、综合、分类、比较及归纳与演绎等方法，把握事物的因果关系，认识和揭示事物的本质及规律。为达到有效的定性分析，首先要深入实际，或者对实际深入调查、观察，或者对实验过程进行严格的跟踪纪实，以观察和发现事物各种现象的变化及发生变化的原因，从中掌握进行理论分析的丰富而生动的事实材料。其次，要善于在感性认识的基础上，透过现象，分析主要矛盾，发现事物本质，最终做出科学的、准确的定性分析。这是因为定性分析是通过对感性认识获得的各种表面的、个别的、单一的现象材料进行理性的思维加工，是要在纷繁复杂的诸多矛盾因素中抓主要的、稳定的、本质的东西和矛盾。

2. 在了解事物的质量时，注意事物的数量

任何客观事物，其数量和质量都是具有内在联系的，没有质量的数量是不存在的，没有数量的质量也是不存在的，研究和把握一切事物，必须在数量和质量的统一上去把握。

研究事物的数量，包括大小、多少、规模、时间、空间、强度、变化程度和发展速度等。依据统计学的方法，把大量的具体数据进行整理和简缩，发现其分布特征（如集中趋

势、离中趋势、相关程度），计算出一些具有概括性的统计数字（如平均数、标准差、相关系数等）作为标志。借助这些概括性的数字，使人们从杂乱无章的资料中取得有意义的信息，以便对不同的总体进行比较，得出结论。

掌握事物的数量，首先要在调查研究中，进行大量耐心的测量与计算。不做缜密的记录和测量，就无法及时把握事物的真实数据，因而也就无法进行有效的统计分析。其次，在注意事物数量时，不可忽视事物的质量。事物的量和质是有内在联系的，量变超过每个事物的一定界限，就会引起质的变化。但是，量变毕竟是一个相对独立的过程，在相对界限内是不会立刻引起质变的。所以，不能认为数量一定直接代表质量。在生物教学研究中，应当一方面考虑数量，一方面认识质量。

3. 正确运用统计和测量的手段

在生物教学研究中推广使用各种数学方法时应该慎重，要提倡建立符合我国生物学教学实际的数学模型。引入数学方法要特别防止不同情况的误用和滥用。运用统计材料必须考虑它是否符合并且如何体现事物的本质，其数字代表的质量如何，其全面性、代表性、精确性如何，对不完全统计数字更应格外谨慎。

定性变量在许多教育教学问题的研究中是不可忽视的，某些定性变量甚至起着决定性的作用。在应用数学方法对生物学教学现象做定量研究时，并不排斥定性的研究，而且应尽量寻找定性研究结论与定量研究结论的共同点。不能用定量研究方法代替定性研究方法。

在贯彻定性与定量相结合的原则时我们要做到：①在定性描述的指导下，获取定量资料。在生物教学研究过程中，人们往往通过不同的工具、方法、手段，获取有关定量的资料，然后以此为依据做出判断。而这种定量资料的获得，必须以定性描述为基础。通过定性描述限定获取资料的范围、种类、项目等，然后才能根据这些要求，选择适当的工具去收集定量的资料。因此，如果没有定性的描述，就无法收集到有效、准确的定量资料。②在定量描述的基础上进行定性分析。当在定性描述基础上收集到有关资料并对其进行分析后，就能初步得出结果，但为什么会有这些结果和特点，定量资料无法说明，这就需要定性分析。只有在定量描述的基础上，进行定性的分析，才能揭示研究现象的成因及特点，因此，定量描述是定性分析的基础。③质量结合，互相补充。定性方法与定量方法并不是矛盾的，而是互相补充、互为基础、相辅相成的。因此，在教学研究过程中，根据不同研究阶段的特点及研究的要求，综合使用定性方法与定量方法，使研究有理有据、有血有肉。

第三节 生物教学准备

一、生物教学准备的意义

一节课能否上好不是偶然的，它在很大程度上取决于教师的备课。在备课上多花一分精力，在教学中就多一分的效果。教学是十分复杂的艺术。教师要摸清学生的生物学水平和学习习惯，吃透教材，还要考虑教学目的、原则和方法，只有备好课，才能安排好教学环节，才能在有限的时间里，自始至终抓住学生的注意力，引导学生有效地进行学习，真正发挥教师的主导作用，保质保量地完成教学任务。

通过备课，教师能发现和弥补自己业务上的缺陷，提高自己的生物学专业水平和教学能力。教师要想教好生物学，自己必须先掌握好生物学专业知识。这些都应在备课时通过查阅资料或向人请教加以解决。常言道"教学相长"，教学的过程也是教师提高业务水平和教学艺术的过程。

备课时，教师要编教案，考虑教学目的、原则和方法，考虑教学中可能发生的问题及各种解决办法。经过认真思考和妥善安排，就可以在教学中处于主动地位，有板有眼地进行工作。出现问题时，因早有准备，随时都有妥善的处理方法。这对在教学中争取主动，保证教学质量，积累教学经验，提高教学理论，都具有决定性的意义。

二、生物教学准备的内容

（一）备生物课程标准

生物课程标准对教师全面了解生物教学的基本要求，明确每堂课的教学目标等有十分重要的指导作用。教师备课的真正目标就是如何达到生物课程标准中所规定的基本素质要求。

1. 把握课程标准的要求

准确地把握课程标准的要求，就能把握教学的尺度和关注的重点、难点，做到详略得当，提高教学效率，更好地落实新课程标准的要求。例如，标准中"解释 ATP 在能量代谢中的作用"，把握此标准应注意以下几点：第一，ATP 是生命活动的直接能源物质，而不是主要能源物质（储能物质或最终能源物质）；第二，ATP 分子的结构简式，特别是其高能磷酸键；第三，ATP 的产生，对动植物来说具体产生的部位；第四，"ATP 与 ADP+Pi+能量"的相互转化，为什么不是化学上所讲的可逆反应；第五，ATP 的具体作用（如兴奋的传导、细胞分裂、根对矿质元素的吸收等）；第六，能用所学知识解答一些具体问题，如有关 ATP 作用的实验设计等。

2. 注重学习活动的设计

课程标准对知识技能内容一般有相应的活动设计，我们要认真分析"知识技能"与"学习活动"之间的联系，从实际出发，实施建议中的活动，或重新设计活动、补充活动。

3. 要从"能力立意"进行知识与能力的组合

课程标准中生物实验的学习内容是以能力要求来构架的，这就要求教师在备课中认真思考并选择相应的知识内容来配合该能力的培养。

（二）备生物教材

1. 通读生物教材，把握课程框架结构

在备课时要研究本模块由哪几个单元组成，每单元内容在教材体系中的地位、作用及各单元之间相互关系；研究本单元教材的结构体系及其构成部分中每一课在全单元中的地位、作用以及相互之间的关系；研究每课教材的结构层次，包括课文中的生物概念、生物原理的含义，生物图表的内容、作用，怎样由生物现象、生物事实提出问题、展开分析、引出结构。

2. 细读生物教材，确定"五点"

（1）知识点，即教材中生物学知识的要点。

（2）重点，即教材中最核心、最关键，最有现实意义的部分。

（3）难点，即学生难以理解把握、容易出错、混淆或思想难以接受的内容。

（4）能力点，即课文在提出问题、分析问题、解决问题时所体现的认识能力及实践能力，这也是新教材高度重视的部分。

（5）思想点，指课文中理论和实践相结合，理论知识和思想教育相结合，并能提高思想认识、升华价值观的内容。

3. 精读生物教材，协调好"七个关系"

（1）科学性与思想性的关系。即知识目标、能力培养与培养学生情感、态度与价值观的目标结合起来。

（2）传递知识、培养能力与陶冶情操的关系。即要以传递知识为基础，以发展能力为重心，以提高觉悟为归宿，真正做到教书育人。

（3）课文、图像、作业的关系。教学中，要注重学生读图能力的培养，能运用图表分析问题、解决问题，同时要能把教材文字材料与图表紧密联系，互相补充，做到图文转换和文图转换。

（4）教材主体和"自学材料"的关系。教材主体是必须研习的部分，是达成课程目标的重要阵地；自学材料主要是为了扩展学生视野、掌握生物技能和学习方法、激发学习兴趣。

（5）重点与非重点的关系。既要突出重点，也要兼顾非重点，全面而又有重点地进行教学。

（6）适度与非适度的关系。即教学必须有适当的难度、广度、深度和一定的高度，做到让学生"跳一跳，就能摘到桃子"，调动学生学习的主动性和积极性。

（7）教法与学法的关系。教师教学活动的根本目的是让学生"会学""想学"，会思考，会做人。

教师在备生物教材时，既要钻研教材，更要超越教材，灵活运用，要及时关注时代发展的新动向，吸收生动鲜活的素材，并及时整理，融合到自己的教学中。只有把自己变成教材的主人，教师才能充分发挥教材的功能，使学生得到充分的发展。

（三）备学生

备学生，就是以学生为本，了解学生的情况，从学生的需要、经验、兴趣爱好出发，贴近学生的生活实际，创设问题情境，引导学生探究学习、体验学习。在备课时不妨认真思考以下问题：

（1）学生是否已经具备了支撑新知识学习的生物基础知识和生活经验？还有哪些知识和经验需要弥补？

（2）学生有什么生物学习的"需要"？这些"需要"与知识之间有何联系？如何在教学中强化它们？

（3）学生是否具备了新知识学习所必须掌握的技能？

（4）学生有哪些生物兴趣、爱好亟待激发，以形成良好的生物学习动机？

（5）学生对哪些知识能够学会？哪些知识已掌握？哪些需要教师的点拨和引导？

（6）学生具有怎样的情感、态度、价值观？

（7）问题的设计是否能激活学生的思维？教学方式是否利于学生主动探究？

（四）备生物课程资源

生物课程资源是指有利于生物课程目标实现的所有因素与条件的总和。包括生物教材、教师、学生、家长以及学校、家庭和社区中所有有利于实现生物课程目标，促进教师专业成长和学生有个性地全面发展的各种资源。在备课过程中，要认真准备、广泛利用以下生物课程资源。

1. 媒体信息

此类信息主要来源于电视、互联网、报刊、图书馆等。媒体信息具有直观、快捷、丰富、生动等特点，易于收集和整理，是生物教学中比较活跃的因素。广泛收集利用生物教学媒体资源，可以更好地提高生物教学的效果。教师在备课之初可以提供符合条件的节目名单或网站信息名称，让学生收看、搜索。在利用媒体资源时，应特别注意信息源的可靠性和信息内容的真实性，提高学生信息评价的意识和能力。

2. 社区生活信息

社区生活中存在着大量鲜活的生物信息，教师可以利用学校所在地不同的生物特征、自然景观和环境状况，结合教学目标，开展野外考察、调查实践活动，并利用社区的图文材料等来充实备课素材。

3. 有关生物课程资源的教学用具

随着社会的进步，生物教学用具也越来越丰富，如教学多媒体光盘、课件、生物挂图、模型、标本、实物等。在使用教具上，要体现现代化，也要体现经济实用、合理的原则。例如，关于生物体的结构，实物或模型具有真实感和立体感，可作为首选的课程资源。而细胞分裂等关于动态过程的内容，用动画、录像片或多媒体课件进行教学较好，用静态图解则有较大的局限性。

4. 人力资源

教师是人力资源开发的核心要素。教师在注意提升自身素质的同时，还要充分挖掘同事、备课组、教研组的人力资源潜力，智慧共享，提高生物课程资源的开发水平，做学生利用资源的引导者与合作者。学生在人力资源中扮演着十分重要的角色，应该成为生物课程资源的主体和生物学习的主人。在信息社会的今天，学生往往和教师拥有同样的信息源，教师应把过去教师单向封闭的备课和学生孤立的预习变成教师和学生的"共同备课"，充分发挥学生的主观能动性，鼓励引导和组织学生借助网络等现代媒体参与备课，引导学生学会创造性地利用一切可用资源，为自身的学习与探索性活动服务。

（五）备方法

备方法是备课的重要环节，主要是运用有效的教学方法和学习方法，并使之整合为有效的教学。

1. 备方法要从教学实际出发

教师应根据不同的教学目标、内容，结合学生的认知心理规律和教学条件、教师能力水平等，灵活恰当地选用教学方法，并善于将各种方法有机地结合起来，从而激活学生的生物思维，以利于生物知识的理解和建构。

2. 备方法要注重学习方法

对生物问题的探究，应倡导自主学习、合作学习、探究学习。教师要以教学方式的转变促进学习方式的转变，引导学生自主学习、合作交流、探究分析，提高其解决问题的能力。在备课时我们应努力做到：

（1）学生自己能学会的，相信学生——引导学生学。

（2）新旧知识有直接联系的，迁移类比——启发学生学。

（3）学生难于理解或不易接受的，探究分析——指导学生学。

（4）学生独立学习困难的，小组合作——互相帮助学。

备课时，生物教师还要重视生物学习方法自身的特点与内容，体现生物学的相关知识，突出生物思维方式。认识自主学习、合作学习、探究学习的内涵、价值取向和基本模式，根据其特性和具体的生物学习任务，吸收其合理成分，正确选择，合理搭配，整合多种学习方式，为学生提供最有效的学习活动过程。

3. 备方法要灵活开放

课堂有许多不确定性和可变性，生物教师应根据教学需要，贴近每一个学生的实际，恰当地采用讲授、观察、讨论、演示、参考等方法，做到兼容并蓄，取长补短，同时在教学方案中为学生的主动参与留下时间和空间，为教学的动态生成创造条件，使师生积极互动，发挥出创造性。

第二章 生物教学的设计理论

第一节 生物教学设计概述

教学设计是 20 世纪 60 年代以来逐渐形成和发展起来的一门新的实践性很强的应用学科。自教学设计理论引入我国之后，对我国传统教学产生了深刻影响，教学设计能力现已成为教师进行现代化教学必备的一项能力。

一、生物教学设计含义

一般来说，"设计"是指人们在创造某种具有实效性的新事物或解决所面临的新问题之前，所进行的探究性的系统计划过程。从这个意义上说，设计注重的是规划和组织，即设计着重对计划的对象进行分析，明确相关的因素，并对其进行有效的控制。

教学设计，也称教学系统设计，是一种教师为达成一定的教学目标所使用的"研究教学系统、教学过程，制订教学计划的系统方法"。具体来说，教学设计有着比较具体的操作程序，它是以现代传播论和学习理论为基础，科学合理地运用系统论的思想与方法，根据学生的特点和教师自身的教学观念、教学经验、个性风格，分析教学中的问题与要求，确定教学目标，设计解决问题的步骤，选择和组合相应的教学策略与教学资源，为达到预期的教学效果而制订的教学实施方案的系统的计划过程。

教学设计的过程实际上是教师为即将进行的教学活动制定蓝图的过程。可以说，教学设计是教学活动能够得以顺利实施的基本保证。通过教学设计，教师可以预先实现对教学活动的基本过程的整体把握，良好的教学设计同时也为教学活动的有效实施提供科学合理的行动纲领，有利于调动教师和学生双方在教学活动中的积极性、主动性，有利于引导教学活动取得良好的教学效果。

二、生物教学设计的原则

（一）主体性原则

学生是学习的主体因素，教师要改变传统的教育观念，真正做到让学生成为学习的主人，使学生的能动性得到充分的发挥。增加学生对知识的渴望，帮助他们在学习过程中不断进行反思，不断提高和发展自身的能力。

（二）发展性原则

发展性原则要求教师在教学过程中牢记学生是处于发展过程中的人，是不断发展变化的，它意味着学生是在教育过程中发展起来的，是在教师的指导下成长起来的。教师应该努力学习教育学的相关知识，分析影响学生身体和心理发展的因素，了解不同阶段学生身体和心理成长的不同点，并根据学生身体和心理发展的特点和规律展开教育与学习活动，进而能够高效地促进学生心理与身体都得到发展。

（三）科学性原则

教学的根本要求就在于追求科学性，因而在生物学课堂中要保证教学的科学性。有了科学性，才能有思想性。事实不清晰，基础知识不准确，就不可能形成正确的观点，思想性就更谈不上了。在生物课堂上，我们应当做到实事求是，严肃认真，不要犯科学性错误。

（四）系统性原则

教学设计是一项系统工程，系统性原则是指在生物学教学中，按照生物学科的逻辑体系和学生的认识规律把生物学知识综合化，使学生获得较为科学严密的生物学科知识内容体系。教师在教学实践过程中应该概括和完善学科的知识体系，寻找突破口，促使知识形成一个系统，使之更容易被学生理解和吸收。

三、生物教学设计的理论基础

（一）学习心理学理论

人类对教与学活动的筹划与安排在经验层面上的努力古已有之，从亚里士多德（Aristotle）、苏格拉底（Socrates）、柏拉图（Plato）的教育论述中都可以探寻到与教学设计理论相关的思想源头。建立教学设计的构想最初来源于美国教育学家杜威（John Dewey），他于 1901 年提出应建立一门"桥梁科学"（Linking Science），以便将学习理论与教学实践连接起来，目的是建立一套系统的与教学活动有关的理论知识体系，以实现教学的优化设计。20 世纪 20 年代，行为主义观点在教育心理学领域中的影响日益突出，桑代克的联结论表述了行为主义心理学最原始的刺激—反应（S-R）模型。随后，在其他形式的行为主义理论中，强化都是决定学习的首要因素。行为主义学习理论的代表人物伯尔赫斯·弗雷德里克·斯金纳（Burrhus Frederic Skinner）提出了建立在操作主义基础上的学习强化理论，并应用于教学，出现了程序教学和教学机器，程序教学建立的一系列学习原则和开发程序教材的系统方法，对教学设计理论的发展具有重要影响，尤其是斯金纳等用以开发程序教学过程的一种经验性的方法中所包括的尝试与修正程序，成为后来被称为形成性评价的要素。这一时期，行为主义心理学在教学设计领域占主导地位。

20世纪70年代认知理论崛起，认知心理学逐渐代替行为主义，成为教学设计的主导思想，认知心理学在理论和方法上都与行为主义不同，认知理论着眼于认知结构和过程探究个体内在的心理活动，强调对学习者内部心理操作方式的指导，"认知策略""信息加工模型""认知结构"等术语，广泛地应用于教学领域。教学设计的理论基础也以此为取向，由重视外部环境及行为的控制转向重视学习者内部的变化，学科内容上更多考虑如何规划、组织教学内容，使之形成"结构"，使其呈现方式与学生内部心理加工方式相对应；认为学习是通过新旧知识之间的同化、顺应，通过学习者"构建"进行；重视学习者的特征分析，媒体设计中强调启发学生的思维等。

认知心理学发展中，影响比较大的代表人物是加涅（Gagne），他把自己的教学设计与认知理论相结合做了开创性工作。他认为教学必须考虑影响学习的全部因素，即学习的条件（内部条件和外部条件），教学目的就是安排可靠的外部条件，以支持、激发、促进学习的内部条件，这就需要对教学进行整体设计，由此，加涅分析了学习的内部心理加工过程，将学习结果分成五大类型，不同学习结果需要不同的学习条件。这种教学设计理论突破了教学设计模式的思考框架，把分析技术、决策技术和评价技术作为教学设计理论的核心内容，确立了基于"学习条件"的教学设计典型，构建了以研究"有效学习条件"为核心的教学设计理论基础框架，推动了教学设计的发展。

认知心理学中关于知识生成的研究结论被应用到教学设计中，产生了许多针对学习过程的策略，如问题解决策略、信息组织策略、降低焦虑策略、自我控制策略、元认知策略等。这些新理论的引入，极大地丰富了教学设计的理论体系，使教学设计的内涵和理论得以扩充和不断完善。

（二）现代教学理论

现代教学理论是对教学规律的客观总结和反映，对"教"的各环节进行了大量的理论和实证研究，是教学设计直接的理论基础。现代教学理论强调教学是有内在结构的整体系统，从结构和功能关系分析、研究教学过程。教学设计运用系统方法赋予教学系统优化的新含义，促进了目标教学、教学模式理论、教学效果分析与评价等专题性研究。教育理论的指导使教学设计由经验层次上升到理性、科学层次。

弗兰兹·肖特（Franz Schott）、马西·P. 德里斯科尔（Marcy P Driscoll）在深入分析了教与学的关系之后，认为通用的建构性教学理论（Universal Constructive Instructional Theory）简称为 UCIT，是一种教学理论取向的设计探索。通用是指适用于不同的学习者、学习环境和将要学习的学科内容。UCIT 的基本框架由五类基本要素构成。一是学习者，应当把学生看作主动学习者而不是被动的知识接受者。这种教学观念，给教学分析与教学设计提出了更高的要求。二是学习任务，随着人们对教学的认识，学科内容已经被精心准备的学习任务所代替。学习任务包含两个方面：一方面必须重构学科内容以满足教育目标，另一方面也要适合学习者已有的知识和已计划的教学方法和媒体。三是教师，现代教学传递系统已经由只使用印刷材料和黑板的教师扩展为学习环境。学习环境指为特定学习意图而设计的环境，其中不仅有教师或辅导者，还包括各种新媒体，如摄像机或计算机。在教与学的过程中，学习者通过学习环境和学习任务获取知识。四是重构处于情境中的学习任务。五是重构处于情境中的学习环境。之所以要重构，是因为从教学设计角度看学习者的学习任务，其主要概念和观点对教师来说并不是新的，但作为教师必须针对自己特定的教学意图来对它们进行重构，要置身于某一情境中，因为教师必须使这些概念和观点适应于具体的情境。应用 UCIT 认识教学，教学就是知识的迁移，它要求教师和学习者对教与学的过程进行有意义的多次建构，这一点对于理解和设计教学是必不可少的。

在整个 20 世纪 90 年代，与建构主义思潮同时产生的还有和教学理论相关的情景理论、活动理论、学习的生态理论、日常认知与推理理论、分布式认知理论等，有关学习内涵的认识，从学习是反应的强化、学习是知识的获得，转变为学习是知识的建构、学习是实践的参与。由此，与之相应的新的教学内涵也凸现出来，即教学是创建优化的学习环境、教学是组建学习者共同体、教学是构建实践共同体等。这些全新的教学观念使教学设计更加重视回应学习者的需求，更加关注发掘学习者的潜力，更加重视学习现象的社会性、实践参与性。

（三）奥苏贝尔的教学理论

1. "有意义接受学习" 理论

教育心理学家戴维·保罗·奥苏贝尔（David Pawl Ausubel），依据学生头脑中原有知识和新学习内容之间的关系将学习划分为机械学习和有意义学习。有意义学习是指学生结合原有经验来进行新知识的学习，创立新知识与旧知识的联系。有意义学习的本质指学生头脑中原来的观念与新知识，创立起实质性的和非人为的联系的过程，实际上属于一种同化过程。所谓实质性的联系是指用来表达的词虽然有所不同，但是价值是相同的，也可以说这种联系是非字面意思上的联系。非人为的联系通常认为是存在内在的联系而非任意的联系，学习者头脑中原来的相关知识与新知识创立起符合逻辑基础上的关系。总之，如果可以创立这种实质性和非人为的联系便是有意义学习，不然就属于机械学习。

在奥苏贝尔看来，可以用不同的方法来实现有意义学习，即发现学习与接受学习。发现学习指的是学生借助对客观现实世界的能动反映来获取知识的学习。接受学习指的是学生通过被动地接受教师的传授来学习的方式。可见，发现学习主要是通过"自主发现"学习的方式来发挥认知主体作用。接受学习主要是借助"传递—接受"的教学方式，靠教师作用的发挥来实现。在奥苏贝尔看来，上述方式都能实现有意义学习，重要的是能使学生头脑中原有的知识结构和新学习的材料间建立实质性和非人为的联系。反之，如不能建立起这种"联系"，这两种教学方式都将是机械的、无意义的。

有意义学习有两个先决条件：一是客观条件，主要指新学习的材料自身的性质。有意义学习的材料自身必须满足实质性的与非人为的标准，即新学习内容自身必须有逻辑意义。二是主观条件，是指学习者本身因素的影响。首先，学生必须有开展有意义学习的心理准备；其次，学生头脑中必须有恰当的知识，能和新学习的材料建立联系。

2. "先行组织者" 教学策略

先行组织者指的是在学习任务之前展示的一种引导性资料，综合、抽象和归纳水准均比学习任务要高，并和学生头脑中原有的知识之间创立联系，进而完成有意义学习。先行组织者的作用表现在学习者进行有意义学习前，在他们头脑中架起一座认知桥梁来连接"已知道的"和"需知道的"知识，为学习者进行新任务的学习提供知识固着点，起到引导和组织作用，使学生顺利完成有意义学习。

先行组织者主要包括陈述性组织者和比较性组织者两种。陈述性组织者的主要作用是给学生学习新知识提供最恰当的类属者，使它和新学材料之间构成上位关系。例如，学习"蚂蚁"之前先让学生学习"昆虫的基本特征"，那么"昆虫"的概念就是学生学习"蚂蚁"的概念的陈述性先行组织者，在这种条件下，学生就更容易理解和掌握"蚂蚁"的概念。比较性组织者主要是在相对熟悉的学习材料之间，主要作用是在新学习的材料与学习者头脑中原有认知中相近的材料之间形成对比，能够突出旧知识和新知识之间的差异。例如在学生学习关于"白蚁"的知识之前，先让学生学习"蚂蚁"与"白蚁"的相同与不同之处，这就是比较性组织者。

3. 动机理论

在奥苏贝尔看来，学习时情感因素有着相当大的用途，而且情感因素中的动机成分对学生的学习产生的影响最突出，通常表现在三个方面：首先，动机对有意义学习的发生存在影响。动机能促进学生潜能的发挥而增强旧知识与新知识之间的互相关联，促使有意义学习的实现。其次，动机对知识的保持产生影响。保持通常是借助复习和迁移环节来完成，动机可以通过加强学生的"努力程度"以及"集中注意力"方面来发挥潜能，从而提高知识保持的清晰性，利于有意义学习材料的保持。最后，动机还可以影响知识的回忆或再现，动机太强或过弱均影响对知识的回忆。比如因为考试太紧张，明明很简单的知识却想不起来，考完试才想起来，这就是因为动机过强压抑了学生对知识的回忆。因此，动机应该保持在一个恰当的水平。

（四）系统论

系统论提出任何系统都具有三大基本特征：整体性、系统性与反馈性。

第一，系统是由相互依赖、相互联系的若干结构成分组合成的、具有特定功能的有机整体。教学设计作为一个系统，由学习需要、学习者、教学内容、教学目标、教学策略和教学评价等要素构成。这些要素不是孤立存在的，而是相互联系、相互作用形成的一个结构整体，在教学设计系统中，各自扮演着不同的角色，发挥着自己独特的功能，都是为了达成一个共同的目标，即最大限度地优化教学，促进学生的学习和发展。教学设计这一整体具有各个要素所没有的特点，即能实现一定的教学功能，这是系统整体性的体现。

第二，任何事物、现象都自成系统，又互成系统。系统科学的方法要求教学设计首先将教学看作一个系统、一个整体来进行考察、设计、实施和评价，实现教学效果的最优化；在对教学系统中各要素进行设计时，也要有系统的思想与方法做指导，各要素亦是一个个小系统；从大系统论的角度看，任何一个大系统中的各组成部分都可看作系统的子系统，教学设计中的各要素是教学设计系统的子系统，而教学设计系统又是社会大系统中的一个子系统。因此，教学设计不仅要关注教学系统内部的结构成分，还应将其视为社会大系统中的一员，考虑政治、经济、文化等社会因素对教学的影响。

第三，任何开放的系统都处于一定的环境之中。教学设计系统在与周围环境发生物质、能量、信息的交换与交流中，保持动态平衡。以这种方法论为指导，教学设计应考虑各种环境因素对其中各因素的影响，就需要及时地进行信息反馈，以保证教学设计的科学性与有效性。

（五）教育技术理论

计算机、互联网、多媒体、超媒体等现代信息技术的出现，带来的不仅是技术的创新，还有人们对传统的学习观和学习方式以及相应的教育、教学所存在问题的认真反思，力图通过技术的支撑在理论和实践两个层面创造适合于知识时代的新的学习和教学方式。

今天的学习和教学正在发生重要的变化。技术已经成为教育中的一个重要工具，基于计算机的技术在增加知识的获取渠道和促进学习的手段方面向人们展示出灿烂前景。

1. 通过使用录像、演示、模拟以及具体的数据，通过互联网与科学家连接等，把真实世界的问题带入课堂。

2. 提供"脚手架"支持，以扩大学习者的学习能力，给学生思考理解提供帮助的路径。例如科学的直观性学习和基于模型的学习，如果没有技术支持，这是很难或者不可能做到的。

3. 学习者有更多的机会获得来自软件、教师和同伴的反馈；反思自己的学习过程，接受循序渐进式的指导，提高学习者的学习水平。

4. 创建本地的和全球的包括教师、管理者、学生、家长和其他有兴趣的学习者在内的学习共同体。

5. 扩大教师学习的机会。

计算机的发展将教学设计水平提高到一个新的层面。作为教学设计途径的一种选择，计算机的显著作用不但影响了问题的界定，而且影响了结论的生成，迅速发展的计算机技术使得功能越来越强大的软件开发与使用成为可能。教学设计的一个主要变化来自技术对教学内容和方法的影响。但没有一定程度的教学设计，技术不会在本质上自动改进教育。人们利用多媒体、交互性和呈现刺激的控制而丰富学习任务和学习环境，在很大范围内的认知活动都比以前任何时候变得切实可行。技术提供的新能力包括了直接跟踪和支撑问题解决技能，把学习者解决难题的行动过程可视化、建模和模拟复杂推理任务等。技术的另一个显著贡献是设计能够解释复杂的基于课堂的形成性评价系统。基于技术的评价系统被设计出来，通过记录学习者相应的关键特征、分析正确推理和不正确推理的模式，给学生和教师提供迅速的信息反馈，以支持个别化教学。

第二节　生物教学设计的作用

教学设计是教师教学的一个周密的计划、一个详细的实施方案，是教师实施课堂教学的蓝本。它也是教师教育技术研究中的一个重要领域。具体说来，教学设计具有以下作用：

一、有利于教学工作的系统化、条理化、科学化和规范化

生物教学是生物教师使用恰当的教学媒体将信息传播给学生，有计划地促进学生学习和认知发展的活动。要使学生尽快掌握知识和技能，取得智力上的发展，形成正确的情感态度与价值观，在学习活动中熏陶情感，就必须对教师的教和学生的学做出精心的设计和安排，只有这样才能"未雨绸缪"。

目标指向性、系统性、计划性和组织性是生物教学活动的重要特点，教学设计正是这种系统化的保证。教学设计过程是一个科学逻辑的过程，目标的设定、学生的分析、内容的选取、课堂活动的安排，无一不体现出思维的系统性和逻辑性。在教学设计时，教师应系统地分析学生存在的问题与学生发展应达到的目标之间的差距，要根据学生身心发展和认知发展的规律，系统地规划学生的未来，设定每一阶段的发展目标。然后，还要围绕设定目标，选择恰当的教学内容，系统设计教学的各环节，才能保证既定教育教学目标的实现。

教育是一个庞大而复杂的系统工程，教师的教育教学效益受众多复杂因素的影响，加之教育因素之间相互影响、相互制约，这就需要教师善于分析主要矛盾，厘清各教育因素之间的关系，安排教学的各个环节，并使之能规范地运作起来。教学设计便是能满足这种需求的科学的、系统的、规范的技术。

二、有利于应对教学改革的挑战

在现在的教学背景下，教学设计就显得更为重要，它要求教师通过教学，使学生能达到课程标准所规定的目标。无论教师选择什么样的教学内容为载体，也无论教师采用或部分采用某套教材，甚至自编教材都将成为可能。一句话，新生物课程给教师、学生以更大的自由度、更大的选择空间，而不必再像以往那样，要求教师和学生必须忠实于大纲和教材。因此，如何系统地分析学生、选择教学内容、安排课堂活动、组织课堂教学等，需要

教师在教学之前系统周到、精心地计划和设计。

三、有利于提高教师的教学效益

教学设计具有系统性、灵活性、具体性、预见性等特点。教学设计的这些特点能有效地提高实施生物新课程的教学效益。教学设计的系统性从整体上保证了学生的全面发展。它能整合各种有利于新课程实施的教育因素，共同促进学生的认知水平、心理、身体的全面发展。教学设计的灵活性能保证教师根据不同学生情况和现实要求，决定教学设计的重点和难点，着重解决设计中的某些问题和环节，能因地制宜地进行教学设计。教学设计的具体性则是指教学设计要针对性地解决生物课程实施中的具体问题，即教学设计每个环节都是对教学具体问题和过程的一个再现。教学设计的预见性是通过运用教学设计能达到的预期目标，该目标包括学生的发展目标和教学设计目标。

由此可见，通过教学设计能有效地保证新课程的实施、全面地贯彻生物新课程的理念。教学设计使教师在教学之前能系统地思考问题，灵活地选择教学策略、课堂组织形式，有针对性地、具体地解决学生的认知冲突和情感冲突，并正确地预见学生的发展，为生物新课程的实施提供有力保障，提高实施生物新课程的效益。

四、有利于教师的专业成长

教学设计既是一门科学，也是一门技术。生物新课程需要教学设计，教学设计激励了教师的专业成长。

首先，传统教学中的教学设计理念与生物新课程背景下的教学设计迥然不同。传统的教学以课堂为中心、书本为中心、教师为中心来设计和思考。其设计多是教师凭个体经验和意向来进行的，缺乏先进的理念支撑和规范的操作。而新课程的教学设计克服了这种以经验为基础的教学，使教学活动、教学手段、教学过程向着课程目标，有明确科学的指向，促进学生发展和教师的专业发展。教师通过教学设计的学习运用，能提高专业自主水平，减少专业活动的盲目性。

其次，教师对新教育理念、教育理论在教育教学实验中的运用总是感到力不从心，其重要原因之一是没有找到一种好的载体。被称为"桥梁学科"的教学设计就起到了沟通教学理论与教学实践的作用。教学设计既可以把已有的教学理论和新的研究成果运用于实际教学，全面指导教学工作，也可以把教师在教学中形成的教学经验提炼升华为教学理论，丰富和发展生物教学理论。在这种理论与实践不断相互作用的过程中，教师的理论素养、教学艺术、教学实践能力都会得到很大提高，从而提升教师的专业自主水平。

五、有利于学校对教学进行有效的管理

教学设计既然是规范化、科学化、程式化的具有文字载体的一种技术，那么其步骤、方法等均是可见的，亦即是可以评价、监督和管理的。有了教学设计，学校便可对教学全过程实施有效的动态监控，还可做出更恰当客观的评价，也可使教学的过程评价得以实现。

第三节　生物教学设计的要求和过程

一、生物教学设计的要求

生物教学设计是保证生物课堂教学质量，实现生物课堂教学优化的必要手段。生物教学设计客观上受生物课程标准、教学对象和教育环境等的影响；主观上又直接受教师个人的教育观念和专业理论修养等影响。这些主观和客观的因素，就成了进行教学设计的基本依据。要不断提高教学质量，提高教学设计的水平，就应当充分应用教学基本理论和教学基本设计依据，为生物课堂教学设计提供实效性的保障。

（一）满足学生需要是教学设计的落脚点

学生是整个教学活动中的主体，学生学习的实际状况将直接影响到教学的整个进程，因此，整个教学活动都要以满足学生学习需要为落脚点。教师了解学生学习和发展的需要，在教学中就有明确的教学意图，利用学生已知的和未知的矛盾，对创设认知冲突的教学情境，促进学生保持积极的学习心态，起着关键性的作用。教学设计一定要从学生的实际出发，选择适合学生学习的教学方法，培养学生的生物科学素养。

每个学生的个性和能力倾向是不同的，不同班级之间、不同年级之间的情况也有所不同，教师对此应有清楚的认识。了解学生的实际情况，不能仅仅凭经验感觉估计，而要有适当的调查研究，通常可以在开学的第一周，通过问卷或谈话，摸清情况和动态变化。结合学生的特点和能力倾向进行的教学设计，才能有的放矢地帮助学生学习，有效地提高教学质量。这也是"因材施教"原则的具体表现。

（二）课程资源是教学设计顺利实施的保障

在教学设计中课程资源是一个必要的前提，对于课程资源的分析，是保障教学设计顺

利实施的依据。课程资源包括有形的物质资源，如教材、教具、仪器设备、多媒体课件、生物园、博物馆、研究所、田间、树林、河流、山川等和无形的人文资源，如社会和家庭的支持能力、家长的态度和学生已有的知识经验等。课程资源是顺利完成教学设计的保障和依托。

每个学校的课程资源各不相同，根据学校的现有条件进行教学设计，才会有实施的保证。在教学设计之前，要了解学校现有的课程资源，这样在教学设计时，才可以充分地利用教学环境中的各种资源，因地制宜地开展各种教学活动。

（三）依据教师自身条件进行教学设计

教师是课堂教学工作的主导，既是教学设计者，又是教学实施者，因此，教师自身条件是教学设计的重要依据。教师的理论修养、专业知识水平和教学技能水平各有差异，教学设计要依据自身的条件，审慎地对待自己的长处和不足，充分发挥自身的特点和专长，实现既定的教学目标。如果不结合自身情况，单纯照搬他人的教学设计，往往会导致教学失败。

考虑教师自身条件，并不是降低教学要求和随意删减教学内容。依据教师自身条件主要是从方法论的角度，实现教学设计的优化，不是迁就教师自身的不足，而是教师在教学设计中，尽可能地结合自身的教学经验发挥优势，并在课前弥补不足，以保证教学的质量。

（四）教材是教学设计的基础

教材对于教师而言是教学的媒介，对教学起着制约作用，教学设计不能脱离教材。教材对于学生而言是学习的对象，是系统学习生物知识、培养生物学能力和进行情感教育的重要来源。依据教材进行生物教学设计，需要教师着眼于教材的系统性。随着课程改革进一步深化，我国的教材呈现出多版本、多样化的趋势。不同教材的体系、框架、内容安排等都不一致，教师在进行教学设计时，应有全局观念，以学生使用的教材为基础，在这个基本的框架下，结合生物课程标准的要求和教师对教学内容的领悟，对教材进行创造性处理，变平面的、静态的书本知识为立体的、有生命的教学内容，包括引进其他课程资源、补充信息，使学生从中扩展视野，开发智力，促进学生生物科学素养的提高。

二、生物教学设计的过程

（一）把握生物教学设计的基本要素

生物教学设计的目的是创设优化学习的教学系统，设计解决教学问题的方案。几乎所有经典的教学设计模式都是在 ADDIE 模式基础上变化而来，其缩写代表分析（Analysis）、设计（Design）、开发（Develop）、实施（Implement）和评价（Evaluate）五个阶段。

ADDIE 模式的分析阶段包含需要评定、目的确定以及学习者、人物、背景、目的和从属技能分析等；设计阶段包括具体目标陈述、测试题目编制和教学策略选择；开发阶段涉及教学材料的准备；实施阶段包括支持教学开展的各种活动；评价阶段包含形成性评价和总结性评价。尽管 ADDIE 经典模式是以线性顺序来表示的，但在实践中却很少以这样的方式来进行教学设计。

生物教师在教学设计的整个过程中，分析、设计和开发是必须考虑的影响教学成功的重要因素，而这正是教学设计中最重要的组成元素。虽然传统教学设计模式都由分析、设计、开发和评价等不连续的阶段构成，但大多数设计的教学课题不是以线性顺序展开的。相反，教师作为教学设计者在整个阶段中，要同时弄清自己对学生、学习目标、学业测验、学习活动和学业评价等方面的理解。

以上 5 个元素相互作用形成教学过程系统的教学设计。这个教学系统是相互关联部分的有机组合，为实现预先设定的教学目标共同起作用。在彼此关联的部分为共同目标起作用的时候，学习目标、学业测验和学习活动将相互作用以满足学习者的需要。教学设计系统如同其他系统一样，需要建立在反馈的循环之中。在一个教学系统中，评价本身可以判断其系统是否按照既定目标进行。通过在学习者中开展教学实验，设计者可以证实教学过程是否对学习者起到了有效的作用。如果评价指示出一个教学系统不再满足学习者的需要，这个系统就要被调整，直至其教学过程能够实现教学目标。

教学设计反对死板、容易复制的结论。从本质上讲，每一个教学设计都会有新的创造。教学设计的实施者不能每一次都遵照相同的方式进行教学，即使相同的方式也不一定能取得同样的教学效果。

（二）学习需要分析

学习需要，是指学生目前的水平与期望他们到达的水平之间的距离。学习需要分析是一个全面的研究过程，主要作用在于找出课堂中存在的问题，思考产生问题的原因和性质，论述教学设计的可行性。学习需要分析是组成教学设计过程的要素之一，它和其他要素如学生分析、学习情境分析和教学目标的分析等相互联系。学习需要分析是基础，只有了解教学中真正的需求及存在的问题，才更容易解决问题。教学设计需要以学习需要分析为开端，即以问题的分析和确定作为出发点，形成总的教学目标，指导教学设计的其他过程分析。

分析学习需要主要采取内部参照需要分析法与外部参照需要分析法。内部参照需要分析法和外部参照需要分析法的区别在于：前者是在学习者所在的组织机构内部；后者是根据社会的要求来确定对学习者的期望。学习需要分析的基本步骤为：第一步，深入调研，确定课堂教学中实际存在的问题或者差距是什么；第二步，阐释已经存在的问题，明确教学设计中是不是包含解决这个问题的方法；第三步，分析现有的资源条件和制约因素，明确解决该问题的可行性；第四步，阐明已确定的教学总目标。这是最基本的四个步骤，在实践过程中可灵活支配运用。

（三）学习者特征分析

学习者作为课堂学习的主体，他们的情感因素、认知因素和社会因素等都会对自身的学习产生影响。因此，分析学习者的特征，是教学设计取得成功的关键。进行教学设计时要充分分析学习者的特征，使教学内容迎合学习者的兴趣，教学活动充满吸引力，营造轻松愉悦的课堂氛围，使课堂充满生机。下面主要对学习者的知识基础、认知能力、认知结构变量、学习动机和认知风格等五方面进行分析。

1. 知识基础

知识是人类的智慧结晶，学校教育的目的就是教给学生系统地学习人类的知识经验，传承人类的宝贵财富。学生步入课堂时并不是对知识一无所知，在生活实践过程中，在以前的学习过程中，学生头脑中已经有了丰富的经验，对一些问题，已经有了一些自身独特的想法。为此，教师在教学过程中不可以忽视他们的知识基础，直接向学生头脑中装知识，而应该把他们已有的知识作为学习的新生长点，指导他们在原来的知识和经验中"生长"出新的知识与经验。

2. 认知能力

认知是学生进行学习的主要方式，认知能力通常包含观察力、想象力、记忆力和思维力等方面。在进行教学设计之前，我们应该对学生的认知能力有一定的了解，在教学过程中适当增加一些观察、想象、注意、记忆和思维的训练项目，训练学生的各种认知能力。

3. 认知结构变量

认知结构是指学生的全部观念的组织和内容。美国认知教育心理学家奥苏贝尔强调人的认知结构中存在三个特性对认知结构有至关重要影响。这三个特性叫作三个认知结构变量，主要包含认知结构的可辨别性、可利用性、清晰性与稳定性。

4. 学习动机

学习动机作为影响学习活动的内在因素，是鼓励指导他们学习的巨大动力。学习动机太高或者太低都影响学生的学习，学习动机太高，常常会产生焦虑和过分紧张的情绪；学习动机过低会产生精神涣散、注意力不集中以及其他状况。学习动机包括认知内驱力、附属内驱力和自我提高内驱力三种。

5. 认知风格

认知风格指人们在思维、知觉与解决问题等认知过程中进行信息加工时展现出的稳定又独特的风格，具有持久性和一致性的特点。学生间认知风格的差异表现在：冲动型和沉思型、整体型和序列型以及场依存和场独立等。认知风格没有高低、好坏之分，只是表现为对某种信息加工方式的偏爱，它主要影响学生的学习方式。教师应该依据他们认知方面的不同，使用适应其认知特点的教学手段，因材施教。

（四）教学目标的阐明

教学目标保证学生沿着预定和正确的方向进行学习，完成学习任务并获得学习成果。教学的整个过程都受到教学目标的指导和支配，所以，明确设置教学目标对教师的教学具有导向功能。明确的教学目标作为预先规定的教学结果，能天然地成为测量、检查、评价教学活动的标准。在生物教学设计中，教学目标作为第一要素，设置和陈述有其基本的方法和要求。

1. 教学目标的设置

教师设置教学目标，并对教学目标进行分类，可以避免目标的模糊和抽象。对教学目标的分类，行为主义、认知主义、建构主义各有不同的分类方式。无论是哪种分类，目的都是希望把教学目标变得有序，防止教学目标设置中的疏漏与偏颇。

行为主义的代表——布卢姆（Bloom）教育目标分类，是对我国教学目标影响最大的一种分类方式。1956年布卢姆出版了《教育目标分类学》，并于同年发展了认知领域的教育目标分类系统；1964年克拉斯沃尔和布卢姆发表了情感领域目标分类系统；由于动作技能领域的复杂性，辛普森和哈罗直到1972年才分别提出了各自的动作技能领域目标分类系统。

（1）认知领域目标分类

认知领域目标分类，是对学生通过学习过程达到的掌握知识、发展智能教育目标的行为进行分类，是教育目标分类体系中的子系统之一。凡学习总有行为变化，行为变化通常是可以被观察、被测量的，具有操作性质，这种可操作性可被用来测量学生的学习。

（2）情感态度领域目标分类

情感态度领域更多的是表现为一种内部心理过程，具有一定的内隐性和抽象性，是教学目标中编写较为困难的部分。克拉斯沃尔制定的情感领域目标依据价值内化的程度分为5级：接受→反应→价值评价→组织→驾驶与价值体系的性格化。

克拉斯沃尔（David R. Krathwohl）对情感态度领域的分类启示我们：在教学过程中情感态度是一个不断升华和内化的过程。教师或教科书所介绍的价值标准对学生来说是外在的，学生必须经历接受、反应、评价、组织等联系的内化过程，才能将它转化成自己信奉的内在价值。情感态度的教学不只是政治课或思想品德课的任务，任何知识、技能或行为习惯都离不开一定的价值标准。在我们生物学的教学中，培养学生良好的生物科学素养，具备与大自然和谐相处的自然观，就属于重要的情感学习领域的目标。教师在进行教学设计时，一定要分阶段地进行培养，不能急于求成，而且无论在学习本门课程之前，学生已具备了怎样的情感态度，都能通过教师的介入，给予学生能接受的新观念，并最终影响学生价值观体系的形成。

（3）动作技能学习领域目标的分类

动作技能涉及骨骼和肌肉的运动、发展和协调，它是生物学实验教学等内容中主要的教学目标。目前应用较为广泛的分类体系，首推辛普森（Simpson）的分类。其将动作技能分为7级：感知、准备、有指导的反应、机械动作、复杂的外显反应、适应、创新。

辛普森的分类，很好地揭示了学生动作技能的培养是以阶段的形式推进的。警示我们在进行教学设计时，一定要能分层逐级地制定培养学生动作技能的教学目标，这样可以保证学生不会因为一接触技能培养就被很高要求的教学目标给吓跑。

2. 生物教学目标的陈述

教学目标规定了学生在教学活动结束后能表现出一定水准的学业行为，并限定学生学习过程中知识、技能的获得和情感态度发展的层次、范围、方式以及变化效果的量度，它在教学活动中发挥着指向、评价和激励的作用，能使教师、学生对教学的意图更为明确，而且还能使学生清楚地知道要获得成功需要具备哪些知识和技能。

著名学者梅杰（Robert Mager）关于行为目标研究的著作《准备教学目标》，是关于论述学习目标的畅销书之一，他认为完整的教学目标应该包括3个基本要素：

（1）学习者应表现出的行为。

（2）行为发生的一定条件。即学习者表现学习行为时所处的环境、条件因素。

（3）合格行为表现应符合的标准。

例如，要学生理解"细胞壁"的概念这样一个教学目标，可以请学生描述"细胞壁"，如果他们能描述出来，就可以推断他们确实知道这一概念。但是，这种方法不一定是可靠的检测手段，更好的方法是请他们"在一幅示例图上标识出细胞壁"，或"通过显微镜观察时让学生指出细胞壁"。通过这个三要素模式编写的教学目标明确具体地告诉学生能获得的能力是什么，如何观察和测量这种能力。

在梅杰的三要素基础上，进一步衍生出了今天我们熟悉的教学目标编写的 ABCD 模式。其中 A 代表学习者（Audience），B 代表行为（Behavior），C 代表条件（Condition），D 代表程度（Degree）。根据这个模式，一个好的目标应该包括：

（1）学习者。

（2）行为，必须是可观察的和可测量的。

（3）必须完成某个行为所需要的条件。

（4）行为表现的熟练程度。

3. 生物教学目标的具体陈述方法

（1）学习对象的陈述

教学目标的对象是学生，具体地表述为"能认出……""能描述……"，教学的行为主体就是学生。而过去我们的教学目标通常是"使学生……""培养学生……"，这样的表述主要指向的是教师的教学行为。

（2）学习行为的陈述

学习行为的陈述是教学目标最基本的成分，说明学习者在教学结束后，应该获得怎样的能力。传统的表述方法是"知道""理解""掌握"等动词，这些词最大的特点就是含义较广，用于表示宏观和中观的教学目标尚属可行，但是并不适用一节课的教学目标表述，不同的人理解的角度不同，会给后续的教学评价带来困难。因此，在微观教学设计的教学目标表述中，在选用能说明学习类型的动词之后加入动作的对象，就构成了教学目标中的行为表述。

这样的行为表述与学科内容有关，困难在于选用恰当的、可观察和测量的行为动词，如"意识到大多数植物的生长需要阳光"，这样一个陈述意味着学生应该能解释阳光在植物生长中的作用，或是仅仅知道阳光是植物生长的必要条件之一。显然它并没有传递给学生应该做什么的信息。

（3）学习条件的陈述

教学条件规定了学习者完成教学行为时所处的情境，条件一般包括如下因素：

人的因素——个人单独完成、小组共同完成、在教师的指导下进行等。

设备因素——显微镜、超净工作台、无菌操作间等。

信息因素——挂图、说明书、教科书、网络等。

以及为引起教学行为的产生，提供什么刺激和刺激的数量；完成该教学行为的时间限定因素和环境因素等。

（4）学习标准的陈述

标准是学习行为完成质量可被接受的最低限度的衡量依据。对行为标准做出具体的描述，是为了使教学目标便于进一步测量。标准一般从行为的完成速度、准确性、完成质量等方面确定。

目标陈述的一般范式是：谁（学生）做什么（可观察到的学习行为）在什么条件下（支持学习的环境）做到什么程度（行为的标准）。例如，在学习"细胞膜的结构和功能"这部分内容时，某位老师制定的教学目标如下：

①阅读有关细胞膜的学习材料，根据膜结构示意图准确描述膜物质分子的排列，根据一定条件下膜的形态变化推知其流动性。

②观察物质通过透析膜的扩散现象，用浓度梯度解释扩散作用。

③用实验鉴定细胞膜的通透性，推知细胞膜具有选择透性。

④区分主动运输与被动运输，叙述大分子和颗粒性物质出入细胞的方式。

⑤体验研究细胞的结构与功能的科学探究过程，体会细胞膜的结构与功能相适应。

这个教学目标不是机械地按照学习条件和标准的要求撰写，但可以清楚地看出教师的教学意图，并且能用以检测学生学习的情况。相同内容的教学目标制定，不是每个教师都完全一致的，因为教学目标在制定时，很重要的依据还有学生的具体情况。分析学习者的学习特征对于教学设计的成功有着重要的作用。

（五）教学策略的制定

教学策略指教师为了高效率达到教学目标采取的一切活动计划，包含教学环境的设置、教学媒体的选择、教学事项的顺序安排、教学方法的选用以及教师和学生相互作用的设计等。教学策略研究的主要目的就在于提升教师课堂教学的效率和教学质量。好的教学策略可以帮助教师更好地达到预期的教学目标，学习者的学习质量也会提高，而且教师在上课时教得更轻松、学生可以学得更愉快。从认知心理学角度来看，依据学习者的学习方式把教学策略分为"替代性教学策略""生成性教学策略"和"指导性教学策略"三类。"生成性教学策略"是基于建构主义理论而发展的，强调学习是学生知识意义的自主生成过程，学生学习的主要任务是参与到知识的探索和发现过程中去，教师的主要任务是为学生探索和发现知识的意义创设情境和提供帮助。"替代性教学策略"是在奥苏贝尔的接受学习理论基础上发展的，操作程序为：呈现先行组织者；呈现新的学习材料和任务；做到调和，即借助教学使新学习的知识意义同化到学生头脑中的认知结构中去。"替代性教学策略"与"指导性教学策略"存在明显区别，是不相同的两种策略。基于"主导—主体"教学设计模式的生物教学设计选择教学策略时要以教学目标为依据，教学内容为基础，学生为出发点，考虑教学策略的适用范围和使用条件、教学时间和效率的要求。选择了合适的教学策略之后还要学会正确地运用。教师应当树立正确的教学指导思想，做到以教师为主导，学生为主体，并且树立整体观念，发挥整体功能，追求教学策略的多样化发展并进行组合运用。

1. 教学方法的选择

教学方法是教师与学生为完成教学目标，达到预期结果而采取的重要手段。教学方法有很多种，依据外在形态应该分为五类：实际训练为主、以语言传递为主、引导探究为主、直接感知为主和欣赏活动为主。选择教学方法的思想是提倡启发式教学，反对注入式教学。选择和运用教学方法的依据是：教学目标、内容、学习者特点以及教师特点等方面。根据情况灵活地、创造性地运用教学方法，以一种方法为主，多种方法相互配合。

2. 教学模式的选择

教学模式是指为了达到预期目标而形成的教学活动的规范化程序和操作体系，它是基于某种理论的指导而设计的教学过程的结构，是对教学活动过程的整体安排和规划。

基于"主导—主体"教学设计模式的生物教学设计可以采用抛锚式、自学—指导式和问题—探究教学式等。抛锚式教学模式是基于建构主义理论发展起来的。建构主义强调，学生要达到对新学知识信息的意义建构，理想的方法是让学生到客观现实世界的实际环境中体会和感知，通过直接经验来学习。抛锚式教学的基本环节是：创设情境、确立问题、自主学习、协作学习和效果评价。自学—指导教学模式的理论依据是"独立性与依赖性相统一的"心理发展观、"学会学习"的学习观和"教师为主导，学生为主体"的辩证统一教学观。自学—指导教学模式使学生能动地参与到学习过程中，学会自学的方法与技巧，不断提高他们的自学能力，教师是学习者自学的"指导者""引导者"。自学—指导教学模式的基本环节是：提出要求、开展自学、讨论启发、练习运用、及时评价和系统小结。问题—探究教学也可以叫作引导—发现教学模式，它的理论基础为：学生的认知能力是通过实践逐步提高的，因此应该让学生主动去探索问题和发现问题，并用所学的知识去思考和解决问题。教师作为"引导者"，应当熟悉整个"问题"系统；另外，教师要容忍学生犯错，不要太早判断学生的行为而且要激励学生勇敢质疑。问题—探究教学模式的基本环节是：提出问题、建立假说、拟订计划、验证假说和交流提高。

3. 教学媒体的选择

教学媒体承载着教学内容，作为教师与学生之间信息传递的工具。随着科学技术发展水平的提高，教学媒体的类别也逐渐丰富起来，常见的教学媒体有视觉媒体（幻灯、幻影）、听觉媒体（录音、广播）、视听媒体（电影、录像）、交互媒体（多功能教室、计算机与计算机网络），等等。各种媒体都有各自的优点和缺点，进行教学媒体的选择时要充分考虑教学目标、内容、学习者特点、教学的条件与教学方式等。

4. 教学策略的适配

尽管完成教学目标，可以选择的教学策略有很多种，但学生的个体差异和教师的教学风格等，会对教学策略的选择产生影响。我们会发现不同的教学策略，都能达到教学的某个目标，但是不同的班级里使用同一个策略，效果可能会不一样；不同的教师使用同一种教学策略，达到的效果往往也会出现差异。所以在教学策略选择的过程中，我们要充分地考虑学生差异和教师风格对教学策略选择的适配性。

（1）学生个体差异与教学策略的适配

学生的个体差异是普遍存在的，学生是多样性的，具体表现在学生学习的态度、学习的能力、天赋等存在差异。在教学中了解到学生的这些差异，合理地使用教学策略，才能有效地激发学生的学习兴趣，让所有学生在课堂中找到自己的位置。

心理学家观察到人们感知信息和处理信息的能力是不一样的。一些人表现为把某种状况作为"一个整体"而不是作为"一部分"进行感知，在大多数情境下会"统观全局"，这样的人称为场依存型。有的人又似乎倾向于把一个整体的事物仅仅看成其中的一个部分，这样的人称为场独立型。

一般来说，场依存型的人多数情况下要依靠他人来确定自己的位置，对他们来说社会关系是比较重要的，他们在一个团体中能工作得不错。而场独立型的人有很强的分析能力，多数情况下，他们自己监控信息处理，不去管他人的关系。

这对教学策略的选择具有重要的意义。场独立型的学生可能需要援助才能看到"全景图"，也可能喜欢自己独立工作；相反，场依存型的学生则喜欢去完成长期的、基于问题的任务。无论是场依存型，还是场独立型，是没有好坏之分的。教师在选择教学策略时，应该考虑到学生在认知风格上的差异，给学生合理分配学习任务，这样才能更好地完成学习任务。

（2）教师方法偏好与教学策略的适配

教师对教学方法的选择，在一定程度上受自己教学风格的影响。教学风格是教师的教学理念、态度、作风、方式、方法、个性等心理和行为因素的综合反映，每个教师在实践中均会形成自己独特的教学风格，并习惯性地运用于自己的教学活动中。教学风格虽然种类繁多，但都可以从个性、作风和教学方法 3 个维度去刻画。其中教学方法与教学策略的适配，是影响教学效果的重要因素。

在经过师范教育的培养之后，教师掌握了基本的教学技能。教师擅长的策略可能有讲授、讨论、谈话、讲座、模仿、同学帮助、学习竞赛、互联网学习等，但是每个教师在处理相同的教学内容时，选用的教学方法是不同的。

在进行教学策略选择的时候，通过使用相关教学策略，将学生介入的程度列出关系表，很容易发现学生们对教学中采用哪些教学策略将会反应积极，而不喜欢采用哪些策略。如果"讲座"排在学生介入程度最低的这一端，而"互联网学习"排在坐标的另一端，这说明学生喜欢在教师的引导下独立学习。这样，在进行教学时教师采用的教学策略就会具有更明确的指向性。

（六）学习情境的设计

学习情境的设计对于教师的教与学生的学有非常重要的意义。生物学科具有生命性和科学性的属性，更需要让学生在一定的情境中学习，利于学生理解巩固知识。建构主义强调认知发展是学生主动进行知识的意义建构的过程，在学生与环境的相互作用中实现。具体体现在三个方面：①知识主要在可感知的、情境性的与具体性的活动中；②学生的学习应当与情境化的社会实践结合起来；③学习和理解知识的重点是形成对具体的情境中的"所给"与"所限"之间的调适。在实际教学过程中，教师应努力为学生提供一个适合学习的情境，使他们能够主动地进行知识的建构。

创设学习情境的方法主要有：①基于生活背景设计学习情境；②通过问题设计学习情境；③以学生头脑中已经存在的知识经验为基础设计学习情境；④以实验或实践活动为基础设计学习情境。根据具体的教学目标和内容选择恰当的方法进行学习情境的设置，能更好地激发学生对学习的兴趣。

（七）教学过程设计

教学过程设计指教师依据教学目标、内容和学生特点，对课堂中活动过程、形式和媒体使用等进行整体性安排，构建教学结构流程，最后形成教学设计案例的过程。生物学教学过程，是教师引导学生学习生物学的基础知识和技能，开发学生的能力和体力，并对学生进行思想道德教育的过程。生物学教学过程具有以下特点：前提是培养学生对生物学知识学习的兴趣；主要环节是掌握基础理论知识；主要手段是直观教学；目的是用理论知识指导社会实践。在进行实际教学时，教师通常用教学活动流程图的方法来准确展示其设计过程。流程图具有设计科学、应用方便和美观明了的特点，主要包括练习型、逻辑演绎型、逻辑归纳型、探究发现型、示范型以及控制型。

（八）教学评价设计

教学评价指根据教学目标，结合内容设置一定的标准，使用高效的技术方法，对教学活动过程及其结果展开测量，并展开价值判断。实践教学过程中，评价活动应该贯穿整个教学设计，使用时无先后顺序。在教学设计的每个环节的最后，对它的设计结果进行系统和整体的评价，是非常需要的。所以，一般都把教学评价放在教学过程的最后。教学评价是教学设计过程的内部动力，可以使教学设计成果更趋完善，还能起到激励和监督的作用，激发学生的学习动力，促进教师教学技能的提高。

现代评价的理念是激励性评价和发展性评价。评价的功能方面，由注重选拔与甄别功能转向注重发展；在对象方面，关注过程；评价主体上，强调多元化；评价内容上，强调全面综合；评价方法方面，强调多种方法相互配合，侧重形成性评价。

进行教学评价设计时，教师要坚持以人为本和发展性的评价指导思想，灵活把握评价过程的规范性和弹性有机结合的原则。要将评价与教师的教和学生的学有机联系起来，将评价内化到学生的意义建构过程中，以评价促进生物知识的学习与理解掌握。

第三章　生物教学方法的创新

第一节　微课课堂教学法

一、微课

微课，其实就是借助微视频以及学习资料等来帮助学生独立地完成知识点的学习。所以，想要借助微课来帮助学生实现自主学习的目标，就要保证微视频的合理性。可以说，微课并不单纯是视频教学，也不是对有限的课堂时间进行压缩，而是要从学科知识构建的基础上出发，利用好新型的网络课程资源。从微课的核心上来说，主要包含了与教学相配套的资源，形成半结构化与网页化的扩展性资源，为学生创建出交互性的学习环境。虽然微课中的知识是需要学生进行自主学习，但是也需要在教师的教授基础上来进行，帮助学生掌握好重点与难点知识。所以在教学中教师要分析好教学内容，保证微课的针对性，明确并不是所有的内容都可以进行微课教学，如学生通过自主阅读就可以掌握的内容，就不需要进行微课教学。

二、微课的作用

微课可以称为微课程，主要应用于课堂教学中。微课的特点在于利用简短的视频，将教学内容的重点或难点以简洁的有针对性的方式呈现出来。在生物教学中，微课能够发挥独特的教学辅助作用，为课堂带来生机与活力。

第一，激发学生的学习兴趣。微课的直观性和灵活性的特点能够很好地吸引学生的注意力，并且微课时间比较短，讲解内容具有针对性，使学生不容易觉得枯燥。第二，有助于学生理解抽象知识。生物知识比较抽象，很多概念不容易理解，学生在学习过程中会遇到理解困难的情况，而微课能够化抽象为具体，把很多抽象的概念和原理直观地呈现给学生，从而帮助学生克服学习障碍。第三，培养学生的自主学习能力。微课的使用不受时间和空间的限制，有利于学生合理安排时间，针对自身的情况进行有选择性的学习，增强自主学习能力。第四，激发学生的创新能力。微课在生物实验中能发挥出独特的优势，可以把一些没有条件进行的实验纳入其中，让学生在观看微课实验的过程中发挥想象力和创造力，增强对微观世界的理解。第五，检验生物学习成果。微课能够以问题形式对学生的学习成果进行检验，并且这种检验具有针对性和连续性，有利于学生不断反思自己的学习效率和学习质量。

三、微课教学的特征

以往教学以教师传授，学生被迫接纳为主，不能有效地调动同学们的学习积极性，而微课具有以下几个鲜明的特征：一是针对性强。微课的一个视频针对的是 1~2 个教学主题，或是 1~2 个知识点，视频围绕较少的主题进行具体的阐明和解释，内容详细、目标明确，有利于学生把控知识重点。二是教学资源丰富。微课教学实践模式是对知识点的充分解释，它主要以视频为主，还包括与知识点相关的背景知识、教学反省、教学练习和教师点评，针对每一个教学难点重点，形成一个全方位立体化的知识点资源包。三是应用简便便捷。学生在遇到难吃透的知识点时，可以随时随地打开手机观看微课，这对学生把控知识点具有很好的帮助作用，同时，教师在了解同学们的学习把控情况之后，也可以简要快捷地调取微课，通过利用微课资源让学生能很快把控知识点。四是反馈及时。教师通过微课教学平台构建模拟的教学课堂，通过上传视频，就能够在最短的时间内收到学生的反馈和评价，以便及时调整教学内容和解释对策，使其更容易被学生接纳。

四、微课教学的原则

微课服务于生物课堂的最大作用是能够创造动态活泼的课堂教学模式，引导教师和学生共同完成课堂教学活动，保证教师和学生的思想和教学内容不断碰撞出火花。

（一）细化课堂教学的学习目标

生物课堂教学的首要目标就是完成课堂教学目标和落实教学任务，它需要生物教师深入研究课堂教学内容，做到教学目标的仔细划分，确定实施总体教学目标的阶段性任务，组织学生进行归纳总结，最后做到落实完善。在生物课堂教学中开展微课教学，需要生物教师深入掌握微课教学的技术环节，寻求微课技术与教学目标的结合点，细化课堂教学的学习目标，从而能够保证微课教学具有很强的时效性和现实性，保证当教学目标发生变化的时候，微课教学能够迎合需要有目的地调整，更好地诠释教学目标中的全新信息，保证微课教学的动态生成能够满足教学目标的落实和完善。在实际教学中，教师应该根据课堂教学目标适当增减微课课件，来更好地完成本课堂的教学任务。

（二）重塑教学资源的价值导向

教师需要收集整理大量的教学资源，充分把握教学资源的利用价值，从而更好地诠释课堂教学内容，保证学生深入浅出地理解抽象复杂的生物知识。而在此过程中，教师需要权衡取舍，保证一些无关的教学资源不会干扰到正常的教学内容，保证能够根据课程进度和学生的听课状态及时调整教学环节，提高教学资源的实践应用水平。因此，在生物课堂应用微课教学，需要教师认真挖掘教学资源的闪光点，学会运用微课课件进行认真解析和资源划分，实现教学资源的价值引导和教学内容的价值提炼双重提升。此外，在课堂教学中，教师可以通过微课教学来补充一些有趣的典故、生物史等，激发学生的学习兴趣，调动学生体会课堂教学的重点和难点。

（三）提高课堂教学的科学性

生物课堂教学是对生物学科的创新价值、智力价值和人文价值的高度提炼，因此，它的课堂教学就具有极强的科学性。在课堂教学中，教师一定要注意课堂教学的严谨性，避免为了迎合学生的学习趣味而脱离科学性，造成误人子弟的后果。在传统的课堂教学（板书讲解、课堂提问和互动讨论）的基础上开展微课教学，教师要认真地研究和仔细地论证，针对课堂教学中学生可能提出的一些意想不到的难题，要做到心中有数，认真通过微课教学来进行科学论证和答疑解惑。教师应该做到对微课教学内容的足够了解，争取在最短的时间内将微课教学内容表达清楚，使微课教学达到课件、学生、教师三位一体的境界，满足学生的求知欲望和探索渴求。

五、微课设计思路

（一）教学理念

就微课内容来说，虽然有短小精练的效果，但是也要明确教学设计中的必要因素，同时还要保证教学顺序的有效性，这样才能更好地对学生进行教育。微课能够弥补传统教学模式中存在的不足，同时也可以更新教师的教学理念。微课与传统教学结合能够突出学生的主体性，同时也可以帮助学生自主安排好学习的时间与地点，控制好学习的节奏。所以，在开展微课教学的过程中，要做好概念上的讲解工作，提高学生的生物素养，为学生下一阶段的学习与发展提供支持。

(二) 教学分析

以生态系统的能量流动为例，在教学中教师要先向学生介绍生态系统的结构，然后组织学生学习能量的流动。在这种教学方法的影响下，能够帮助学生理解知识存在的连贯性，同时也可以从营养结构上入手，在分析与研究中明确系统的分析方法，掌握具体的运用情况。

(三) 学情

在教学中教师要从把握学情入手，以此来选择有针对性的教学方法，为微课视频的设计提供支持。只有真正把握学生的能力基础与实际情况，才能保证教学有的放矢，同时也可以提升教学设计的质量。通过前期阶段的学习学生已经掌握了一定的生物基础与思维，但是受到学生素质参差不齐的影响，会给教学带来难度。所以，在教学中教师要做好教学研究工作，保证学生思维上的合理性，同时还要关注学生的差异性发展，在录制微课视频的过程中，编制出有效的学习方案，以此来辅助微课教学的开展。

(四) 重点与目标

要从教材与学生的实际情况入手，制定出有针对性的教学目标，以此来保证教学的顺利进行。如在生态系统能量流动的微课教学中，就可以将目标定位在能量流动过程以及相关计算上。通过掌握不同的输入与输出，以此来加深对知识的理解，分析出食物链中的重点，明确传递效率等知识。

(五) 教学过程设计

从教学环节来说，从激发出学生学习动机的角度出发，做好教学内容的感知与完善工作，同时还要帮助学生理解好学习内容，在巩固知识的基础上运用好知识，最后还要及时对教学的效果进行测评，以此来保证学习的有效性。如学生在学习能量流动这一知识时，教师就可以先从情境导入入手，借助图片来引导学生分析出食物链，同时还要明确能量的输入与输出，从而为下一阶段的教学提供支持。

(六) 反思

在教学中运用微课，要先引导学生做好课前预习工作，完成相关的内容，解决课堂中的重点与难点知识。首先，制作出拓展性的学习内容，帮助学生加深对知识的理解与认识。在拓展性微课的引导下，帮助学生自主地安排好学习的时间，在反复观看与学习的基础上，也可以加深对知识的理解与认识。其次，在进行情境导入的过程中，还可以引入相关的问题，将学生带到学习主题中去。从计算讲解上来说，也要做好层次教学工作，帮助学生树立学习自信心。最后，教师要做好自我测评设计工作，借助微练习等内容来加深学生对知识的理解，检验学习成果，掌握学生对这一知识的理解程度。此外，在教学中教师要及时关注学生存在的问题，避免过于主观地思考问题；还要将目光放在学生身上，以此来保证教学的完整性，培养学生的思维能力，鼓励学生积极参与到学习中去，实现学习目标。

在生物教学中运用微课，能够解决传统教学中存在的不足。在教学中教师要及时更新自身的教学理念，从问题入手，借助活动探讨等手段来培养学生的创新能力，为学生提供学习资源，满足学生的发展需求。

六、微课教学的方法

在仔细了解微课教学的实施原则后，就需要在逻辑思维认知、知识体系构建和演示教学实验上加强微课教学的应用，保证其能切实服务于课堂教学。

（一）提高逻辑思维的认知水平，突破教学瓶颈

当前，生物学科已经补充和完善了很多前沿的生物研究成果，而生物科学和技术的飞速发展也决定了生物教学需要不断推陈出新，这些学科特色和时代背景都对生物教学提出非常高的要求，也决定了课堂教学的难度。因此，在生物课堂教学中，尤其是涉及分子领域、生命科学和生化反应时，就需要教师深入开展微课教学，学会利用微视频中的文字、图像、声音、动画等多种技术手段来展现课堂教学内容，将传统教学中很难表达清楚的生物知识、学科规律和生物现象进行全新诠释，从而实现静态教学向动态教学的转变，变单纯的说教为面对面的展示，调动学生的多重感官，从而搭建起学生逻辑思维与学科教学内容之间的桥梁，提高学生对于生物前沿科学的充分认知，深入解析课堂教学的重点和难点。

（二）构建丰富的知识体系，理清教学脉络

当前，生物教学已经涉及分子学、遗传学、生命学和生态学等诸多领域，需要教师深入浅出地诠释众多生物概念、生物原理及彼此之间的联系和影响，它对于生物教师的专业知识、教学手段和创新意识都提出了非常高的要求，需要教师在脑海中拥有丰富的知识体

系，从而能够理清教学脉络。因此，在课堂教学中引入微课教学，需要根据不同教学领域开展有针对性的微课教学活动。

如在进行分子学的课堂教学时，由于分子存在于微观世界中，学生很难在宏观世界中有真实体验，要让学生对分子有更加直观的认识，教师可以运用微视频的特写、快进、回放、交互与智能等功能来放大细胞内部的分子结构，引导学生掌握细胞各个结构的分工与合作，掌握细胞的生物历程，从而深入理解分子与细胞模块的教学脉络，了解课堂教学的脉络。

（三）加强实验的直观立体，填补实验空缺

生物是一门基于生物规律、生化反应和生命进化的自然学科，它强调的是对生物知识的探寻和对自然规律的思考，因此，在生物课堂教学中开展实验教学是探寻生物知识真相的重要手段。在生物实验教学中，因为教学设备、教学时间、实验空间和实验安全性的诸多影响，造成实验教学更多流于形式，而实验过程也成为教学内容的简单重复。

生物教学离不开生物实验，因此，采用微课教学服务于实验教学，就需要教师认真制作微课程视频，学会用动态的画面、特写的镜头和反复的播放来真实重现生化反应，引导学生去认真观摩实验操作的过程和实验结果，填补实验教学的空缺，实现微观教学与实验教学并重，立体教学与实验操作并重，增强实验课堂教学效果。

七、微课教学的具体措施

微课是在生物教学中被广泛使用的新的教学方式，有着广阔的应用空间和良好的发展前景。研读生物教材可以发现，生物知识复杂而抽象，传统的生物教学方式由于受教具等条件的限制，使知识很难形象准确地呈现给学生，而微课在生物教学实践中的科学有效使用，可以很好地解决传统生物教学中存在的问题。教师利用微课教学时，可形象、生动地讲解生物知识，可打破时间与空间的授课限制，可供学生反复多次观看，有效促进学生对生物重难点知识的掌握与理解。

（一）导入新课时应用微课

"良好的开端是成功的一半。"在教学环节应用微课导入新课，可使教学内容突出、精练，可使生物知识形象、生动，可提高新课导入的有效性，进而促进生物教学质量得到提升。生物教材中的生物知识复杂而抽象，在正式授课前，教师要把学生的注意力集中起来，使学生全神贯注地学习生物知识，这就要求新课导入具有较强的趣味性。生物教师可把本节课的生物知识制作成一节生动有趣的微课，制作的过程中，可应用动画拍摄、视频剪辑等技术，使微课呈现出的生物知识直观、形象、有趣，通过让学生观看微视频来了解本课要学习的生物知识，促进学生更加有效地学习。

（二）分层教学时应用微课

不同学生在学习基础、学习态度、家庭背景、认知能力等方面存在差异，如果生物教师忽视这些差异的存在，按照相同标准开展课堂教学活动，就不能使班级内的每一个学生都获得相应的进步，因材施教也无从谈起。微课在生物课堂中的合理应用，可有效解决这个问题。目前，有很多学校已经开始用智能手机或平板电脑等设备开展教学活动，这就为移动学习、分层教学提供了条件。作为生物教师，应根据所教的具体生物知识，结合不同层次学生的具体情况，精心设计和制作微课。在设计微课的难度时，要兼顾不同层次学生的实际学习需求，设计出难度不同的微课，以有效实施分层教学。

（三）突破教学重难点时应用微课

生物教材中有很多教学重难点需要学生掌握，比如光合作用、细胞的增殖、DNA 分子的结构、染色体变异、基因工程、基因突变与重组等，这些重难点知识如果仅靠生物教师讲解，学生被动地听讲，不但会使课堂教学非常枯燥，而且也无法提升教与学的效率。生物的教学实践已经证明，教师在教学重难点知识时应用微课，可直观、形象、精准地把这些重难点知识呈现给学生，有效地强化学生对所学知识的深入理解，帮助学生突破重难点。

（四）做生物实验时应用微课

一些生物教师认为，高考生物试卷考查的只是生物实验的理论知识，学生即使会做生物实验，掌握了实验的全过程，但没有熟练背诵相关的实验理论知识，在高考中也不能获得高分。而且有些生物实验要想完整地做完、做成功需要很长的等待时间，但是生物实验的课堂教学时间有限，导致某些生物实验无法在课堂上完成。实验教学是生物学科教学的重要构成部分，学生通过做实验可以更深入地理解和学习相关的生物知识，可以有效地培养创新能力与探究意识。教师如果仅仅让学生通过背诵实验的理论知识来掌握生物实验，就无法培养及提升他们的动手和探究能力，无法有效培养学生的生物学科核心素养，从而导致生物教学低效。借助微课开展实验教学，不但不会占用很多教学时间，反而能够给学生展示出完整的生物实验过程，既让学生"亲身"感受到真实的生物实验，又赋予了学生学习实验理论知识的充裕时间，从而符合高考改革的需求，培养学生的探究意识与生物学科核心素养。

（五）在期中或期末复习时应用微课

微课在生物教学中的应用，有效地打破了时间与空间对课堂教学的限制，学生借助微课就可以反复学习。学生可以从云课堂中选择自己想学的微课，在线或者下载到电脑上进行观看，在观看的过程中如果有不懂的地方，还可以选择后退键与快进键反复进行观看，直到能完全掌握本课需要掌握的知识为止。在生物复习课中，教师可以利用微课的这个特点，引导学生随时随地进行复习。

总之，微课作为新的教学方式，在生物课堂教学中的科学合理使用，可有效激发学生对生物知识的学习兴趣，使学生积极参与生物课教学活动，充分发挥他们在教与学中的主体作用。在生物教学的实践中，生物教师应科学合理地借助微课展示生物知识，积极发挥出微课的作用，提高生物课的教学有效性。

第二节　翻转课堂教学法

在生物课堂教学中融入翻转课堂，能够有效培养学生自主学习与探究能力，作为一种新型的教学模式，翻转课堂有效推动了生物教学模式的创新与改革。另外，翻转课堂颠覆了传统教学中"教"与"学"的顺序，实现了学生的自主学习，并促进了学生生物科学探究精神、社会责任感以及理性思维等素养的形成，对学生未来的学习和生活都会产生非常积极的影响。

一、翻转课堂概述

（一）概论

翻转课堂教学模式改变了传统的集体学习方式，变成个人学习，使用现代信息技术，为学生创设出一些轻松的学习环境，使学生可以结合自身的学习情况，利用课后时间观看教学视频，增加和其他学生的交流机会，巩固学习的知识。

（二）意义

第一，"先学后教"，培养学生自主学习能力。翻转课堂这种教学模式彻底改变了传统的教学模式，学生不只是在课上学习，课下完成作业；教学知识的学习主要是在课下业余时间进行，课堂中主要完成学习的互动，学生的学习时间和学习过程在时间和空间上都发生了翻转。这种教学模式，一方面可以培养学生的自主学习能力，另一方面还可以充分利用课堂时间，提高学生对知识的掌握和理解。

第二，差异化指导，实现高效教学。传统的教学中，没有认清学生在学习中的主体地位，课堂作为学生主要的学习场所，但是由于课堂时间有限，学生数量较多，教师不能顾及所有学生，进而不能对学生进行差异性的指导，所以造成学生学习成果差异化。翻转课堂是采取课前学习和课上差异化指导相结合的方式开展教学，不仅能够充分发挥学生在学习过程中的主体地位，还能够改变学生被动学习状态，提高学习效果，提升课堂教学效率。

第三，双向交流互动，增强学习效果。传统的课堂教学，教师作为课堂教学的主导和中心，一切教学活动的开展都是教师在主导，学生被动聆听，从而失去学习兴趣。在翻转课堂教学中，教师开展的教学活动是双向的，师生之间充分交流互动，不仅可以培养学生的自主探究和合作能力，还可以激发学生的创新思维；教师和学生共同探究，可以拉近师生之间的关系，提高课堂教学实效。

二、翻转课堂的特点

第一，教师可以把生物教材上的知识以视频的方式传授给学生，这是对传统课堂教学的一大冲击。翻转课堂要求把传统课堂上的课外知识放在课堂上进行讲解，而传统课堂上的课内知识则需要学生根据教师提供的视频、资料等自主掌握，在课堂上只解决学生不懂的或不会的知识，使传统教学意义上的课堂内外都变成学生学习的"教室"。

第二，翻转课堂与传统的教学形式是不同的，传统课堂是教师直接带着学生学习新的生物知识，而翻转课堂则是学生自主学习生物知识，然后在课堂上解决问题，完全省略基础知识的讲解。由于我国家长对孩子的教育问题比较看重，大多禁止孩子在上学期间接触计算机，仿照国外制作电子视频以方便学生学习就变得难以执行。为解决这种困难，很多学校都建立了校讯通，教师把作业、需要预习的内容发到家长手机上，让家长督促孩子学习；教师在课堂上只需要检查学生的预习情况即可，使翻转课堂的实施得以顺利展开。

第三，传统教学课堂上学生是独立的个体，不允许他们在课堂上交头接耳。翻转课堂则打破了这种常规，课堂上的学习以小组学习为主，教师只须在课堂上把交流的问题发放到每个小组即可，学生小组如何分配任务、如何讨论、如何合作，全权交给学生，教师在学生遇到解决不了的问题时出现即可，学生是课堂的主宰者。

第四，课堂是学生的课堂，教师要以学生为本，在翻转课堂上找准自己的定位，在自己的位置上发挥相应的作用。这样，翻转课堂"解放"了教师，使教师有更多的时间去研究提高课堂教学效率的方法；同时"激活"了学生，充分发挥了学生的主动性，为学生融入以后的社会生活奠定坚实的基础。

三、翻转课堂教学的优势

生物包括必修和选修两个系列，知识繁多，且多是学生平时接触不到的知识。刚开始学生可能会因为好奇去研究，但学习任务繁重且生物教学中的实验安排不多，就会致使学生慢慢失去兴趣。翻转课堂为解决这一问题提供了可能，通过翻转课堂学习，学生不仅可以掌握扎实的理论知识，还能"看到"丰富多彩的生物世界，从而极大地提高学习积极性。

（一）翻转课堂使生物课堂变得开阔

在传统的生物教学课堂上，由于生物知识的特殊性，教师往往在课堂上反复强调某知识点的重要性时，学生却处于懵懵懂懂的状态，这种现象严重制约着学习效率和教学效率。翻转课堂突破了这种制约，学生通过教师提供的各种资料和微视频，不再受课堂时间的限制，"看到"了生物知识，开阔了视野，使生物课堂变得开阔明朗。同时，翻转课堂还可以按需自取，不再是教师满堂灌，这使得学习能力跟不上教师节奏的学生更容易适应，在课外时间能够赶上班级进度，提高学习能力，对生物知识的掌握更加扎实。

（二）翻转课堂有利于学生掌握生物知识架构

生物知识碎且杂，但也存在一定的知识系统，帮助学生形成自己的生物知识框架，有助于他们掌握扎实的生物基础知识。在传统的生物课堂教学中，往往是教师带领学生一起构建知识系统，在此过程中以教师为主，学生几乎全程看教师构建，构建结束后把框架记在笔记本上，而是否真正理解并掌握这一知识框架，教师不得而知。由于课堂节奏紧凑，教师留给学生的时间也是有限的，一堂课下来，教师的教学效率和学生的学习效率都不高，更遑论学生运用知识框架解决实际生物问题的能力。

翻转课堂以学生为中心，教师可以在全班分组后给每个小组安排探讨的主题，让小组成员总结相关内容，然后把有关知识点串联起来，在每个小组都基本构建出知识框架后全班小结。此时可以让每个小组分别汇报成果，然后让其他小组指出其中的不足并进行补充，集全班学生之力构建有效的知识框架。由于学生全程参与知识框架构建的过程，不仅复习了一遍相关的生物知识，还提高了知识的运用能力。翻转课堂注重学生能力的培养，全程以学生为课堂教学的中心，让教师更加重视学生在课堂中所发挥的作用，进而夯实了学生在课堂中的主体地位，更有利于学生对生物知识框架的掌握和运用。

（三）　翻转课堂有利于培养学生的创新精神

有关人员经过多年的教学实践发现，在课堂教学中实施有效的翻转课堂，有利于培养学生的创新精神，帮助学生树立创新意识。翻转课堂本身就是对课堂教学的一种创新，教师带着创新的思想教导学生，在一定程度上也促进学生具备创新意识，以便跟上教师的教学进度。翻转课堂打破了传统课堂上以教师的教为主的教学模式，变为以学生的学为主，学生在课堂上必须集中全部注意力，调动学习积极性，以便随时思考、回答教师提出的一系列问题，紧张的学习氛围很容易激发学生的灵感。长此以往，学生便会在自主学习和解决问题中产生一些天马行空的想法，而这些想法往往还是解决问题的关键，也为教师的教学提供了一定灵感。

在翻转课堂教学模式中，教师的教和学生的学是相互促进的，教师的创新教学激发了学生的创新意识，学生的创新意识又会促使教师产生新的教学手段，进而有效地培养学生的自主学习能力和创新精神。但同时，教师也要注意对学生的想法进行筛选，并不是所有的想法都是创新，对于那些毫无科学根据、没有理论基础的想法，要摒弃并引导学生进入正确的思维空间。

四、翻转课堂的应用步骤

翻转课堂对生物教学效率的提升有着积极的作用，下面就以"酶的特性"为例，简单论述翻转课堂的实际应用步骤。

（一）　制作微视频

教师在课前需要根据学生的实际学习情况以及教材内容，来确定本节课的教学目标，并以此为基础制作微视频，在制作的时候要保证短小精炼、简洁明了。这部分知识的微视频主要是一些实验视频，通过视频来向学生展示相应的实验原理和结果，同时还应该有一定数量的练习题，帮助学生巩固所学的知识。由于实验内容较多，教师可以借助录屏软件将多个实验视频进行合成，将时间控制在 20 分钟以内，完成微视频的制作后由教师上传到相应的网站或者班级的微信群、QQ 群、公共邮箱，要求学生下载学习。

（二）编制导学案

导学案一般包括教学目标、教学重难点、教学过程以及针对性练习 4 个部分。

一、教学目标。这部分知识包括知识目标、能力目标以及情感态度价值观，在"酶的特性"这一课时的教学中，知识目标是让学生能够掌握自变量的控制，观察与检测因变量的变化，并且可以自己设置实验组与对照组；能力目标是学生可以概述 pH 与温度对酶的活性影响；情感态度价值观是学生能够深刻体会科学探究的过程，在学习中积极、主动，并有良好的合作精神。

二、教学重难点。这部分知识的教学重点是对实验探究结果可以准确阐述，学生能够掌握实验方法；难点在于对照实验中，对自变量和无关变量的确定、控制，观察和检测因变量的变化。

三、教学过程。这部分知识的重点内容要通过合适的形式呈现给学生，让学生在观看视频学习的过程中，完成知识的理解与掌握。

四、针对性练习。学生观看微视频后，需要完成练习题，这些练习题涉及本章节所有知识点，一般题目数量不宜过多，难度适中即可，避免对学生的信心产生不良影响。

（三）自主学习，及时交流

教师经过教研组的研讨，设计好相应的学习任务单，帮助学生在课前学习的时候明确学习任务以及方法。学生根据学习任务单，在网站或者群组里下载学习课件，在学习中及时记录下疑惑，并完成课后针对性练习。学生可以先在网站或者群组里进行讨论，教师可以帮助学生解决一部分问题，对于比较复杂的问题，可以留在课堂上进行讨论。

（四）课堂活动设计

与传统课堂教学模式不同，翻转课堂的教学活动设计需要重视学生主体作用的发挥，让学生在参与中完成对知识的内化。首先，确定问题。教师根据学生课前学习的情况，收集或预设一些典型的问题，让学生以小组合作学习的方式完成学习任务。一般情况下小组人数控制在 4 人到 6 人，小组内成员相互协作，完成专题任务的探究。其次，探究交流。教师在讲到一些学生难以理解的问题时，可以布置一些实践性活动，让学生自主探究。当然，在探究的过程中教师要给予学生一定的指导，帮助学生顺利完成自主探究学习，掌握所学的知识。在探究活动后，教师让部分学生展示自己的成果，通过课堂的交流与评价，帮助学生进一步理解知识。在"酶的特性"这部分知识的教学中，教师可以设置以下几个专题任务让学生进行探究：探究酶的专一性；酶的高效性；探究 pH 值对酶活性的影响。最后，课堂测评与反馈。与课前的练习相比，难度应该更高，要求学生当堂完成，这样既可以让教师了解学生的学习状况，也能让学生对课堂测评与反馈有一个全面的认识，并结合测评的情况合理安排课后的学习。

五、翻转课堂与游戏教学

新课程改革意在推进学校的素质教育，教师和学生的教学地位发生了很大的改变，教师由原来的授课主导者转变为培养者、引导者、合作者，学生由原来的被动者、倾听者转变为独立者、主导者、合作者，这一转变使教师有更多的精力研究教学方法，不再只关注备课，在课堂上也有更多的时间关注学生掌握知识的情况；学生在课堂上将表现得十分活跃，可以在极大程度上激发他们的潜能，培养他们自主掌握知识、解决问题的能力，保证为社会输送合格的建设人才。翻转课堂把这种师生之间的关系表现得淋漓尽致，教师不再灌输式地教学，学生也能积极主动地参与到课堂教学之中，甚至有些知识、理论是由学生实验探究所得出的，增强了学生的成就感。游戏教学与翻转课堂教学的目标不谋而合，那么，在生物翻转课堂上实施游戏教学的优势有哪些，又如何实施这种教学方式呢？

（一）游戏教学的优势

生物作为一门基础自然学科，不仅要求生物教师具备较强的专业知识、教学技能、个人人格魅力、自主写作能力等，还要求学生在生物课堂中具备生物科学素养，能自主探究生物知识，能在创新精神和创新能力方面有所提高，能意识到生物知识与我们的生活密切相关，感受学好生物知识的必要性。翻转课堂是一种探究式的教学，学生成为课堂学习的主人翁，基础知识多被教师以视频或课件的形式展示在校内网上，学生利用课余时间便能观看并掌握，课堂上只解决重点、难点，以及学生在观看视频或课件时的疑惑。生物的翻转课堂既能提高学生学习生物的主动性，使学生成为学习生物知识的主体，还能有效利用生物教学资源，使师生之间的关系更能满足新课程改革的需要，可以更好地达成生物课堂教学目标。

游戏可以说是大家都喜欢的一项活动，而生物课堂上的游戏教学是以生物教育理念为支撑，针对生物知识中的易错易混考点以及难度较高的知识点设置一些游戏，让学生在轻松愉悦的氛围中掌握重难点、突破瓶颈，使学生的生物知识更牢固的一种教学方法。游戏教学与翻转课堂的教学目标是一致的，学生在两种教学方式中都有很强的课堂参与度。可以预见，如果两者在生物课堂中结合起来，优势互补，会成为生物教学的一种高效教学模式，使学生享受学习，使教学轻松高效。

（二）翻转课堂实施游戏教学的具体方法

生物是一门实践性很强的学科，也是学生在生活中接触最密切的学科，学生在生物课堂上不仅要掌握生物学科知识，还要培养严谨的科学态度，形成保护环境的意识，养成对身边的事物时刻保持好奇心和探究的欲望。翻转课堂为以上这些多样化的要求提供了平台，而将游戏穿插于翻转课堂教学过程之中，既能帮助学生理解生物知识中的易错易混点，还能激发学生的好胜心，高效完成生物教学目标。

1. 在资源准备阶段穿插游戏

充足的资源准备是翻转课堂顺利开展的前提，生物知识多与学生的生活密切相关，教师获得资源的途径多种多样，教师可以在平时的教学中以学校和社会中收集的资源为主，以贴合学生需求、激发学生探究欲望为导向。由于翻转课堂上教师准备的资源是为了帮助学生课前自主掌握即将要学的生物知识，因此，教师所用的资源不仅要符合生物知识点的教学要求，学生自主学习时能明确本节课的重点和难点，可以达到本节课的基本教学目标，还要符合学生的认知规律，即准备的资源既要难易适中，还要让学生能从中掌握生物知识点，而在其中穿插游戏则可以很好地调和资源与生物知识之间的平衡，让学生愉悦地掌握生物知识。

2. 在制作视频或课件阶段穿插游戏

学生课前学习是翻转课堂教学的一个重要环节，课前学习的情况的好坏直接决定着翻转课堂能否顺利开展，因此教师为学生的课前学习制作的视频或课件的质量也是不可忽视的。教师在为学生制作课前学习视频或课件之前要了解学生的学习情况及心理，并能在视频或课件中显现出来，以更加准确地引导学生做好课前学习。翻转课堂不同于传统课堂，学生在课前就要预习，观看教师准备的视频或课件是学生课前学习的主要方式，短期内可能会使学生能以极大的热情投入学习之中，但课下学习毕竟是无人监督的，经过一段时间后便会产生懈怠，以致教师在课堂上进行深入探究时跟不上进度，无法与其他同学进行讨论，造成部分教师在课堂上重复本应该课前学习的基础知识，进而使翻转课堂流于形式。为了扭转这种局面，教师可以在制作视频或课件时穿插相关知识点的小游戏，以激发学生学习的主动性，激起学生的好胜心。

3. 在课堂教学阶段穿插游戏

课堂教学是提高学生能力的关键，在翻转课堂中占有重要的地位，学生是否掌握了生物知识，以及能否应用知识解决相关的生物问题等，都是在课堂教学中加以展示和提升的，是教师教学中应该重点关注的阶段，这直接关系着学生的学科能力能否得到提升。在课堂教学中主要解决两类问题，第一类是教师提前准备的需要探究的教学重点和难点，第二类是学生课前自主学习过程中产生的疑惑。针对第一类探究问题，教师可事先设置相关游戏，以增强学生的探究欲望，加强学生的探究意识；第二类探究问题则需要教师随机应变，或者在课前就预测学生可能会遇到的问题，随着教学经验的增长，设置有关这类问题的游戏的难度会逐渐降低。在课堂教学中设置相关知识的游戏，可以使学生轻松掌握生物知识，提高学生探究生物知识的欲望，还可以培养学生养成探究的习惯。

由以上阐述我们可以看出，在生物的翻转课堂中实施游戏教学，更能激发学生学习生物的兴趣，也更容易把所学生物知识内化，提高学生的生物应用能力，让学生轻松"玩转"生物课堂。

六、翻转课堂的应用方法

随着教育的进步，教师在教学模式上也有了很大的改变，他们在教学中更加注重学生的课堂地位，使其学习效率提升了一个档次，这种教学模式就是翻转课堂模式，师生主体地位互换。尤其是在生物实验教学中，需要学生进行实验活动，他们在亲身实践的时候，会更加容易理解课本知识。

（一）教师课前准备要充分

教师在传统模式下授课，缺少对学生的关注，不利于他们自主学习能力的提升。所以教师采用了新型的教学方式——翻转课堂教学法。教师在使用翻转课堂教学法的时候，要注重课前准备，充足的准备，可以帮助学生更好地学习生物知识。教师在制作课件的时候，可以重点介绍生物实验理论方面的知识，加深学生对实验理论知识的印象。例如在"探究酵母菌细胞呼吸的方式"实验中，教师可以先将重要内容做成课件，将不重要的信息做一个简单删减，重点介绍探究酵母菌呼吸方式的实验过程。第一步是酵母菌培养液的配制方法，第二步是检测二氧化碳的产生，第三步是检测酒精的产生。教师可以利用课件将实验所需要的步骤展现出来，让学生熟悉实验过程。教师设置一系列相关问题引导学生进行思考，酵母菌是否在有氧和无氧条件下都能进行细胞呼吸？在有氧条件下，酵母菌通过细胞呼吸会产生大量的什么气体？在无氧条件下，酵母菌通过细胞呼吸除了气体，还产生了什么物质？教师组织学生讨论，不仅能活跃课堂氛围，还能提升学生学习的积极性。

（二）增强学生动手操作能力

传统教学中，学生动手操作能力较弱，对知识的理解停留在理论阶段，这不符合新教育模式的要求。教师使用翻转课堂教学模式，需要发挥学生在课堂的主体作用，让理论知识结合实践，帮助他们更好地理解生物知识。例如，教师在讲解"物质跨膜运输的实例"这一章节内容的时候，可以制作一个课件，让学生观看，为动手操作做好铺垫。学生观看视频后，教师为其提供一些实验器具：长颈漏斗、玻璃纸、蔗糖溶液、烧杯、清水和纱布等。学生在长颈漏斗外密封一层玻璃纸，向漏斗中注入蔗糖溶液，然后将漏斗浸入盛有清水的烧杯，漏斗管内外的液体液面持平后，5分钟过后，会观察到漏斗内液面的升高现象。教师让学生思考其中原因，如果用纱布代替玻璃纸又会有什么现象？（纱布由于孔隙较大，蔗糖分子也可以自由通过，所以液面不会升高。）再将烧杯内清水替换成同样浓度的蔗糖溶液，结果会不会发生变化？（半透膜两侧溶液浓度是相等的，单位时间内透过玻璃纸进入漏斗和渗出的水分子数量相等，所以液面不会升高。）让学生动手操作，解答以上问题，将此次实验结果以报告的形式交给教师。教师在学生实验过程中发现学生存在的问题，并引导他们解决这些问题。学生在亲自动手实验的过程中，会增强对生物的理解力和动手操作能力。

（三）激发学生学习兴趣

生物教师在以往的教学中，侧重教授理论知识，学生解决实际问题的能力较弱，其原因是他们缺乏学习的兴趣，在学习生物过程中往往处于被动状态。教师要改变这一种情况，需要了解学生的特点，利用翻转课堂教学，激发他们对生物学习的热情，让他们更多地参与到课堂当中。例如，学生在学习"光合作用的原理和应用"这一节内容时，教师可以带领学生体验大自然，取一株绿色植物，再寻找一根蜡烛，将它们分别放在透明的玻璃罩中，观察实验现象，然后将它们放在同一个玻璃罩中进行观察。单独放在玻璃罩下燃烧的蜡烛与空气隔离后，不久便熄灭了，而与植物放在一起的蜡烛却没有熄灭。教师让学生思考这一现象的原因。如果条件允许，可以利用小白鼠进行实验，将植物与小白鼠分别放在玻璃罩中，隔一段时间后观察它们的情况，再将它们放于同一玻璃罩中，分别置于阳光和黑暗处进行观察，会发现绿色植物只有在阳光照射下才能更新污浊空气，使小白鼠存活。在实施过程中，教师要引导学生对实验现象进行解释，以此激发学生的学习兴趣，培养他们的科学思维。

生物实验教学中的翻转课堂教学，对于学生学习有积极的作用。教师在利用翻转课堂进行授课的时候，要注重课前阶段的准备工作，帮助学生找到学习重点。翻转课堂对于提高学生的动手能力也有很大作用，它可以提升学生学习生物的兴趣，使他们爱上生物这门学科。

七、翻转课堂与生物核心素养培养

（一）运用翻转课堂培养生物核心素养的意义

1. 有助于激发学生的学习兴趣

教师应发挥信息技术辅助教学的优势，通过生动直观、详略得当的教学素材，促进学生自主学习，使其了解自然生命的奥秘，从而遨游在知识的海洋中。这样既有助于学生感受生物学科的内涵，产生浓厚的探究兴趣，又可以提升教学的针对性，促进教学的拓展，使生物教学与学生的兴趣发展、认知能力等有机结合。同时，也可以培养学生良好的自律意识，使其自主调控学习进度、设置相应计划，从而逐渐形成自主学习能力，以增强他们的显性学习能力，使其能够不断地进行深入探索。

2. 有助于提升生物教学效率

翻转课堂具有精准、生动、便捷等显著优势。应用翻转课堂开展生物教学，有助于学生系统性地学习，进而实现教学目标，构建新的教学模式；能够使学生从他律、等待学习的状态，走向自律、主动探究的新境界，打破传统的知识传递式教育模式，并且可以通过课堂、在线互动的方式，实现生生、师生、人机交互等多边互动，使学生更好地内化科学知识，形成生物理解，建立理性认知，继而将知识内化为生物素养、外化为实践行动，使学生很好地克服畏难情绪，建立学好生物的自信。在共享学习成果、展开实践的探讨中，翻转课堂可以促进优质学习成果的共享，有助于构建高效的生物课堂。

3. 促进师生互动，增进彼此了解

将翻转课堂引入生物教学中，可以促进学生核心素养的发展，有助于师生间的密切交流，增进彼此的了解。其中，学生作为独立发展的个体，其学习感受、知识能力的形成具有不平衡性。在促进他们生物核心素养的形成过程中，教师须认识到学生间的差异是客观存在的，只有依据不同学生的学习理解和进度，为其制作相应的导学课件或个性化学习资料，才能更好地发掘其潜能，使其完善自身的知识体系，为其迈入高等院校继续深造夯实基础。对于教师来说，教育教学工作应该是与时俱进、富有新意的。利用翻转课堂，可以促进学生核心素养的发展，这就需要教师深入学生群体，展开教学反思与总结，及时调整

自身的教育方式，避免单一地依靠施教经验、教材重难点展开授课。

(二) 翻转课堂下生物核心素养的培养策略

1. 创新教育模式，培养生命观念

生物作为一门研究自然科学的理性学科，教师在应用翻转课堂促进学生核心素养发展的过程中，既应紧抓学科育人的特点，体现教学的综合性、发展性与针对性，又应关注寓教于乐的问题，使教学过程具有趣味性，使学生形成深入学习的意识，从而有效降低生物学习难度，促进学生在创新教学方式中建立正确的生命观念，从而使学生的生物核心素养与信息操作能力得到双向提高。

2. 增强自学意识，培育科学思维

运用翻转课堂，提升教学效率，促进学生核心素养的发展，需要教师转变教学引导的视角，增强学生的自学意识，从而促进他们学习科学知识，提高生物素养，形成科学思维。

3. 培养辩证意识，引导科学研究

生物实验是生物教学的重要组成部分。因此，在利用翻转课堂促进学生核心素养发展的过程中，应发挥实验教学的作用培养学生的科学素养，使学生观察不同实验的现象并展开教学分析，继而得出科学结论。

4. 关注教学实践，提升社会责任

应用翻转课堂，促进学生生物核心素养的发展，须着重培养他们的社会责任感。为此，教师可督促学生积极参与社会实践活动，加深他们对绿色发展观的理解，培养其爱护环境、保护生态的意识，并积极地付诸行动。

综上，随着教育现代化进程提速，新时期不仅为生物教学带来新的生机与活力，也对教师施教水平、授课能力提出了新要求。为此，作为生物教师，不仅应建立"以生为本"的教育理念，领悟新课标精神，深研人教版生物教材，以促进教学与学生认知意识、学习特点、思维发展等相融合，又须具备信息化施教能力，重视翻转课堂应用，通过混合施教，促进学生核心素养的形成，从而培养他们的自主学习意识，使学生具有独立思考、合作学习与深入探究的素养与能力，以助力学生科学精神、学科技能、情感态度的全面和谐发展。

第三节　课堂情境教学法

虽然根据新课程改革的要求，情境教学在生物教学中已经得到广泛运用，但教学效果并不理想，其主要原因为情境干扰因素较多，教师创设的情境和教学内容与学生实际情况等的联系不够密切，亟需改进和强化。

一、情境教学的重要性

情境教学指的是教师在教学过程中有目的地创设具体的场景，帮助学生理解知识、发展学习能力的一种教学方式，激发学生情感是其核心所在。与传统的照本宣科式教学比起来，情境教学有更强的创新性，能让学生摆脱教材的束缚，促进教师与学生之间的角色调换，促使学生占据主体地位，教师成为引导者、辅助者，改善传统教学的单调性、低效性，满足新课程改革要求。

对于生物教学来说，运用情境教学的重要性主要体现在两个方面：第一，帮助学生理解生物知识。生物教材中的很多概念都具有抽象性特征，如果教师一味地让学生阅读教材中对概念的文字阐述，缺少解释，学生往往觉得生物概念晦涩难懂。运用情境教学，教师就可通过实物进行解说，帮助学生解决问题，并在理解概念的基础上对生物知识产生浓厚的学习兴趣。第二，有助于培养学生的综合能力。按照新课程标准的要求，学生成为有意识的主体，不再是过去的"书呆子"。教师在课堂上创设恰当的教学情境，学生通过观察、思考和分析，就能巩固对相关内容的掌握，在提高操作能力的同时发展创造性思维。因此，按照生物教学的特征，教师结合实际情况运用情境教学，对提高教学效果和学生素养具有重要意义。

二、问题情境的创设

新课改要求在课堂教学中教师应充分调动学生的学习热情和积极性，挖掘学生的自主学习能动性，引导其自主学习，培养其综合学习能力。而在生物课堂中以创设问题情境进行教学，就可以在很大程度上，引领学生善于思考、积极思考，从思考中发现问题，寻求解决问题的最佳方法，提高学生自主答疑解惑的能力，进一步提升教学质量和学习效率。具体而言，生物课堂中创设问题情境指的是生物教师立足于教学环境和教学内容，结合学生特点和实际能力，在生物教学中创设具体相应的情境，带领学生参与到课堂学习之中，引导学生积极思考问题，探寻解决方法。

（一）依托教材内容，创设问题情境

依托生物教材创设问题情境，增加教材内容的灵活性、好奇性和生动性，学生带着问题进行生物学习，不仅可以增强学生对生物学习的兴趣，更可以在很大程度上提升生物教学的有效性。例如，在学习生物体化学元素教材内容时，利用一连串的问题带领学生对教材案例进行分析，从而深入探析生物体的化学组成元素。问题可以创设为：生物体的化学组成元素具体有哪些？生物体化学组成元素在生物体内的含量是否相同？其中哪些含量在生物体中占比最高，哪些最低？在对一系列问题的思考探究中，使学生更系统地掌握知识框架，增强系统性掌握课堂知识的能力，同时增强生物课堂的活跃气氛，调动学生思考问题的积极性，从而更好地提高教学效果。

（二）紧扣生活实际，创设问题情境

现如今，生物科学技术迅猛发展，逐渐改变着社会生产生活，现实生活中，我们所接触到的方方面面都与生物学有着密切的关系。鉴于这种关系，生物课堂教学中应充分结合生活实际，利用学生习以为常的事物探索课堂知识，从学生最熟悉的生活入手，让学生对生物学习产生更加浓厚的兴趣，使学生由原先的被动学习转化为主动获取生物知识，充分挖掘出学生的主观能动性，提升学生学习效率。长期的教学实践表明，当课堂教学内容与相关的实际生活情境相结合时，才有可能发生有意义的学习；通过熟悉的真实情境获取的生物知识和技能，才能使学生更为有效地理解课堂内容，掌握生物技能。现实生活中总离不开各种各样的生物，生物知识与现实生活之间也存在着紧密的联系。把握与生物知识紧密相连的实际生活问题，设计相关的生物教学问题情境，培养学生善于从生活中探索生物知识的意识。比如，在教授细胞的吸水和失水内容时，就可提出相应的问题，例如，植物是如何"喝水"的？树木移栽时摘除部分枝叶的原因是什么？现实生活中，应用渗透原理的有哪些？将生活融入生物课堂之中，创设与学生息息相关的问题情境，使学生对生物问题产生兴趣，进而更好地融入生物课堂之中。

（三）结合生物实验，创设问题情境

生物学科的学习离不开生物实验的有力支撑，通过生物实验，发现一些新颖、奇特的生物现象，可以激发学生思维的活跃性，促使学生迅速及时地发现问题，探索问题，提出解决问题的方法，在实验中培养学生的问题意识。生物实验使学生近距离接触生物知识的同时，为学生提供了活灵活现的问题情境，因而，教师应合理利用生物实验适时地为学生创设不同的问题情境。例如，在进行植物细胞的吸水和失水探究的实验时，就可以创设以下问题，让学生跟随这些问题进行深层次的实验探究：该实验运用了哪些生物原理及实验材料？实验的具体步骤和方法是什么？实验结果是什么？经过分析后，得出的结论或推理是什么？实验中如何设计实验对照组？单一变量原则如何在实验中体现？实验课堂中，学生带着问题进行探究，将理论课堂上的零散、繁杂的生物学知识进行有机串联，带着问题做实验，不仅增强了生物实验效果，更在很大程度上增强了学生对生物知识的领悟能力。教师创设的问题在实验中更易渗透到学生的思维活动之中，从而达到主动学习的目的。

（四）利用社会热点，创设问题情境

在教学过程中，要将社会发展、科学技术、社会生产中形成的新课题、新内容渗透到课堂教学内容之中，使学生充分认识到现代科学知识对社会热点的实际应用价值，进而结合社会热点，剖析生物对社会的意义和作用。例如，教授光合作用相关内容时，可以利用当前社会中人们最为关注的社会话题进行探究：针对当前全世界都面临的粮食、环境污染、能源短缺等问题，结合光合作用进行探讨；也可针对光合作用，提出如何更有效地保障农作物及蔬菜瓜果的优质高产；还可利用光合作用与动植物的"同化"进行分析比较。通过结合社会热点设置问题情境，不仅能让学生认识到学习生物学对社会的重要意义，更能增强学生分析解决问题的综合能力。

（五）借助现代化技术手段，创设问题情境

在现代化教育设施和教育技术的快速发展下，先进的教学手段和新颖的教学形式层出不穷，传统形式教育发生巨大改变。例如，随着网络技术和多媒体技术的普及，强大的交互性及声画结合、图文并茂的形式使生物教学课件，可以生动形象、灵活逼真地展现在学生眼前，尤其是生物课程中无法从书本中清晰看到的生物现象，可以更加逼真地通过多媒体展现出来。生物教学课堂上，利用现代技术手段，可以模拟出生物教学内容中无法看到、无法看清的生物现象，学生可以亲眼看到某些微小生物体的变化过程，从而在感性材料的基础上延伸出更加强烈的问题意识。例如，在讲解兴奋在神经纤维上和神经细胞之间传导的内容时，整个传导过程过于抽象，学生很难深入理解，然而如果利用多媒体将抽象的传导过程以更加直观、形象、动态的动画形象展现在学生眼前，学生即可通过动画加深对传导过程的记忆和理解。在设置"兴奋传导"过程的多媒体动画时，还应加入相关问题：兴奋是如何在神经纤维上和神经细胞之间进行传导的？两个过程的不同在哪里？有何特点？学生带着问题观看动画，进一步增强对动画内容的理解。在教学细胞呼吸、物质跨膜运输的方式等时，也可利用多媒体技术结合相关问题，展开行之有效的教学，提高教学效率。

生物课堂利用创设问题情境进行教学，可以有效提高教学效果，丰富教学内容，增强学生学习的兴趣。综上可以看出，创设情境问题可以利用多种措施，但需要注意的是，并不是每一种措施在任何环境下都适用，问题情境应依据教师的实际生物教学内容、教学环境与学生实际状况而定，从而发挥出问题情境的最大效用。创设问题情境是新颖、独特的生物课堂教学的新型模式，广大生物教师应在今后的生物教学中探寻更加完善、科学、合理的问题情境，改变单纯灌输知识的传统教学形式，真正成为学生的鼓励者、引导者，提高学生学习效率。

三、生活情境的创设

相对其他学科，生物学科知识是最贴近生活的，可以说生活是生物学科知识的基本来源，同时也是学生学习生物学知识的直接场所。因此，教师在生物课堂上，可以充分利用生活中具体生动的事实和问题来创设问题情境。这些事实和问题可以包括生活中常见的现象、自身的经验常识、社会热点问题、农业工业生产问题、重要的生物学史实以及能体现生物学与人类发明发现有关的资料等。高考中有关社会、生活与生物学相关的内容都已经成为考点，新课程标准也把这些列为重点。教师应该引导学生把生物学联系到具体生活中，用科学方法去观察，思考生活中、生产中、社会发展过程中科技进步和环境改善的一些经典问题，让学生认识生物学的重要地位和作用，从而培养学生学习生物学的兴趣和热情，提高学生接受新知识和新信息的能力。那么，究竟如何在生物课堂教学中创设生活情境呢？总结几点论述如下：

（一）结合认知冲突创设生活情境

学生的认知发展过程主要是指他们的观念不断地遭受冲击又不断地形成新的平衡的过程。因此，教师在课堂上可以利用学生认知的不平衡性来创设生活情境，从而激发学生努力学习的意愿，并促进学生通过学习达到更高的认知层次。

例如，教师在教授完内环境各成分之后，需要学习其理化性质，这时可以展示一位学生的血检指标，让学生对血浆化学成分进行分析并提出以下问题：①如果该学生生病了，需要静脉注射生理盐水，那么医生应该使用多高浓度的生理盐水呢？这个浓度和表中的 Na^+ 和 Cl^- 的浓度相符合吗？②该学生刚刚跑完 3 000 米，但是他的血浆中的乳酸量却不高，原因是什么呢？这两个问题会引起学生的认知冲突，让学生产生求知的欲望，这时向学生讲授 pH 值和溶液渗透压等知识，会使学生如鱼得水，轻而易举地掌握相关知识。这种通过在学生最近发展区埋设认知冲突的方法，可有效激发学生积极探索、分析问题、解决问题的欲望，最终也会使学生的认知能力螺旋式地上升到新高度。

总之，结合认知冲突所创设的生活情境是一种开放式的教学情境，但并不是毫无秩序、杂乱无章。因此，教师要在不把课堂变成闹市的基础上，为学生营造出轻松愉快和谐的课堂氛围，让学生主动投入到各种认知冲突中。但是，这就要求教师有较高的课堂组织能力，教师能够收放自如，使课堂氛围活泼而又有秩序。另外，此类教学情境中，学生的活动较多，教师要及时对学生的学习结果做出恰当的评价。教师准确合理的评价会使学生获得成就感，产生愉悦的心情，进而会加倍努力。

（二）结合社会热点创设生活情境

随着科学技术发展的日新月异，生物科学技术的发展也是突飞猛进，与生物学相关的社会热点问题也越来越多，如转基因食品、生物芯片、航空育种等，都是社会热点问题，也是学生关注的社会现象。教师可以充分利用问题和现象，以社会焦点问题为素材，经过合理的衔接、加工和设疑，创设生活情境。把这些内容融入生物教学过程并创设生活情境，不仅可以激发学生的学习兴趣，还能扩大学生的视野，培养学生的社会责任感。

例如，在教学"基因突变和基因重组"时，教师可以创设这样的生活情境："神舟"五号飞船载人飞行成功，同行的还有航天员杨利伟以及河南省一百余克作物种子（主要是"彩色小麦"）。"彩色小麦"是我国著名育种专家周中普和李航利用"化学诱变""物理诱变"和"远缘杂交"三结合，经过数十年潜心钻研才培育成功的，这种小麦钙铁以及蛋白质的含量远远超过普通小麦，同时还含有普通小麦所没有的微量元素碘和硒。据李航介绍，这种三因素结合的育种方法采用的是单一射线，种子进入太空后，就会受到综合射线，甚至是人类未知射线的作用，在这种情况下，就会给种子提供物理诱变的机会，产生的二代种子可以选择无数的育种材料，这样就会为优质、具有保健功能的小麦新品种提供丰富的育种基因资源。但是，这种"彩色小麦"回到地球后，是否都能产生有益变异？如果将植物带回地球种植后，发现该植物的隐性现状变成了显性现状，那么带这种显性现状的种子是否能大面积推广呢？

（三）结合谈话或肢体语言创设生活情境

教师在教学过程中，可以利用生动的语言和丰富的肢体动作来创设一定的教学情境，激发学生的学习热情，调动学生的学习积极性。教师在运用语言和肢体语言时，要注意语言的朴实幽默，语调的抑扬顿挫，同时辅以恰当的肢体动作，这样就可增强感染力。此举的主要目的是通过教师生动的语言描述，为学生营造新鲜而熟悉的学习氛围，让学生积极探索。

例如，教师在教学"人体的内环境与稳态"时，可以创设这样的情境：就在前不久的运动会上，某班一位男生跑完 5000 千米比赛之后，直冒冷汗，脸色苍白，当场晕倒，这位学生被送到医院检查后，医生给他静脉注射了葡萄糖液。试问：医生为什么要给他注射葡萄糖液呢？再问：静脉注射的葡萄糖液通过哪些途径才能到达体内细胞呢？这样可让学生在教师创设的虚拟情境中积极探索和思考，加深对知识的理解。

（四）结合多媒体创设生活情境

多媒体作为科学技术发展的产物，已经广泛地运用到中小学教学中，生物教学也不例外。多媒体为生物教学创设了丰富多彩的生活情境，解决了创设情境的诸多难题。

利用多媒体创设生活情境，可在培养学生信息收集能力的同时，提高学生对信息内容真实性和可靠性的辨别能力，这有利于学生养成终身学习的习惯。例如，白血病是对人类健康产生严重威胁的疾病，俗称"血癌"。教师可以请学生利用互联网搜索白血病患者的相关信息，以及目前的治疗信息。在学生搜集信息的同时，教师还可以引导学生重点搜索白血病的患病率、发病机理、现在的治疗方法以及对白血病的预防措施等相关信息。

总而言之，日常生活中到处都是生物现象，通过教学实践和学生的教学反馈，学生反映最多的还是要让课本知识多和日常生活相联系。教学中，教师应注意创设生活化的教学情境，让生活中的一些问题和课本知识相结合，这样必然会使学生产生强烈的学习兴趣和求知欲。另外，创设的各类生活情境其实是相互联系的，并非割裂而毫不相关的。在实际教学中，教师应该根据教学需要创设各种生活情境，并对它们进行优化组合，以取得最优的教学效果。

四、情境创设在教学中应注意的问题

教学情境是课堂教学的基本要素，创设教学情境也是教师的一项常规教学工作。情境设计的根本任务是服务于学生掌握知识、提高技能，既要为学生的学习提供认知停靠点，又要激发学生的学习兴趣。学生在个性和生活经验方面存在差异，因此同样的情境作用于不同的学生，效果是不一样的，所以在创设情境时应注意：

（一）情景教学要有目的性和实效性

情境设计要围绕教学目标有的放矢，即创设的问题情境要针对课堂教学目标，问题内容的指向必须是教学的重点，切入的角度应该要针对学生学习的需要，这样才能使学生的精力集中于教师提出的问题，不会因无关紧要的问题而影响学生的注意力，从而实现高效课堂。

（二）情境的创设要联系实际符合学情

教师在备课时必须根据自己的风格、知识呈现和对学生的预计，在教学的双向交流中与学生的情感态度与价值观碰撞、激活，进行再加工，完成对教材的再创作，即教学及教学情境设计。教师、教材、学生三者应该构成一个互动的教学场所，只有三者和谐共振才能产生理想的教学效果，达到美好的教学境界。因此，创设教学情境，要注重联系学生的现实生活，在学生鲜活的日常生活环境中发现、挖掘学习情境的资源，其中的问题应当是学生日常生活中经常会遭遇的一些问题，要难易适中且有启发性，只有这样学生才能切实弄明白知识的价值，同时还要注意挖掘和利用学生的经验，任何有效的教学都始于对学生已有经验的充分挖掘和利用。

（三）创设的教学情境要灵活贯穿于整节课堂

在教学过程中，情境的创设应结合课堂教学内容，贯穿课堂教学的全过程。如果只是单一的一个情境设置，在课堂教学中就不能体现教学过程的完整性，这样会在学生的心理上形成形式主义教学的错误认识，将会给教师在今后实施情境教学时带来消极的因素。可以说，好的情境一下子就能够抓住学生的心，使之对此情境产生强烈的情感以及向往之心，恨不得立即投入到此情此境之中亲身体验，能够使学生很快地入情入境。

第四节　课堂合作教学法

合作学习作为一种备受关注的教学策略，同时也是学生自主学习的重要形式，已经成为生物课堂教学中不可忽视的一部分。综合分析其运用的必要性和存在的问题，探讨提升其运用策略，以期提升课堂教学的实效。

一、合作学习的必要性

生物新课改提倡合作学习。这一学习策略运用于生物课堂教学，符合学科要求，有利于小组成员共同进步，具有非常重要的现实意义。首先，合作学习策略的运用，可以有效降低学习任务的难度系数，提升学习的积极性。以往学生过分依赖教师的讲解，学生个体之间的互动没有得到足够的重视，学生不善于表述自己的观点和想法，学习的积极性不高。但是，合作学习将任务细化，分解到每个人的身上，有效降低了学习的难度，每个人都可以在合作学习的过程中获得成就感，小组成员之间的竞争也可以有效地激发学习动机与积极性。其次，合作学习策略的运用，可以帮助学生完成对生物知识的整体架构，有效提升课堂教学的成效。以往学生的学习形式比较僵化，学生逐渐失去了主动建构知识的意识与能力，而合作学习可以有效帮助学生建构知识体系，提升学习效率，同时在小组学习的过程中，有效地锻炼和提升了思维能力。最后，合作学习策略的运用，可以提升学生个体之间的合作意识与合作能力。学生走向社会后，必须具有与人相处、合作的能力，合作意识和合作能力的培养是他们必须具备的素质。而学生在长期的升学压力下，竞争意识和竞争能力远远优于合作意识和合作能力，合作学习策略运用于生物课堂教学恰恰可以改善这种不良境况，创造更多的机会，让学生在合作学习中，不断养成合作意识，不断提升合作能力。

二、合作学习的特点

（一）合理分配角色，实现资源共享

学生普遍具备良好的自我学习能力和理解能力，但鉴于学生个性的不同，学生在能力上还是有一定的差异性。小组合作学习这种方式在生物课堂的践行，能协助教师合理分配班级成员，例如有的同学对 DNA 结构这一课时掌握得比较好，但学习基因突变和遗传病章节则有些困难，那么通过小组合作学习，就可以让基因突变掌握好的同学与其组成互帮互助学习小组，这样就能够更好地取长补短，在有效解决问题的同时缓解教师的教学压力。所以说，个体差异的存在和知识掌握能力的不同促进了小组合作学习的运用，这种方式也推进了学生之间的学习资源共享。

（二）充分展现学生主体，组间同质

学生是课堂教学的主体，教师和教材都是客体，无论哪一科目这都是不可忽略的要

素。合作学习小组是由"个性"发展不同的学生组成的，组内成员有一定的差异，所以小组学习能促使同学之间自行发现自身不足，然后在同组学习中自主弥补，但是小组合作学习切记一点：不要养成学生的依赖性。组建学习小组还能帮助学生更好地巩固课堂知识，让学生与学生之间自发形成攻克困难小队，这是充分展现学生主体的最佳方式。长此以往，潜移默化之间就培养了学生自主学习和解决问题的能力。

三、合作学习的原则

（一）以人为本原则

教师在合作学习教学模式中要落实以人为本的教学理念，凸显学生的学习主体地位。在小组合作学习的实践中，教师首先要为学生营造一个生动放松和谐的学习氛围，使学生集中注意力，充分调动其主观能动性，更好地培养其自主学习能力。另外，学生作为独立发展的个体，在学习及成长过程中会存在明显的个性化差异，教师要尊重学生的个性化特点，有针对性地因材施教，与此同时，还要鼓励并引导学生积极主动地参与到合作学习的过程中，以此更好地激发其学习兴趣，并在探究问题的过程中有效地锻炼其思维的发散。

（二）教师主导原则

合作学习虽然基本上是由学生自主完成的，但由于其并不具备资源整合、课堂设计以及学习调控的能力，因此必须遵循教师为课堂主导的原则，学生之间进行合作学习需要立足于教师利用专业的教学经验及能力明确教学重难点之上。在合作学习的过程中，教师要适时地进行答疑及解释，从而更好地帮助学生之间的交流与思维拓展。此外，教师还要把握好学生基本的学习情况，并针对不同学生对于知识的理解及掌握程度给予相应的指导，从而提升课堂的有效性，使每一位同学都能有所得。

（三）教育规律原则

学生具有年龄与心智发展的特点，渴望独立，渴望能有所作为，但实际上他们的思想与行为尚未发展完善，还存在一定的逆反心理，因此教师在实际的教学内容与小组实践活动设计的过程中，必须结合当下的课程教学情况与学生的身心发展规律来进行综合考量，从而避免学生对生物课程的学习产生抵触心理，更好地获取知识，提升认知水平与知识储备。

四、合作学习的主要问题

合作学习策略已经得到了广大教育工作者的认可，他们纷纷在课堂教学中进行尝试，取得了很大的进步，但同时也存在着一些无法回避的问题。

（一）合作学习策略已经广泛应用于生物课堂教学的过程之中

合作学习策略一经推出就得到了生物教师的普遍认可。在日常教学中，绝大多数教师都能够尝试运用合作学习进行组织教学，尤其是在公开课当中，合作学习更受青睐。不论采用哪种合作形式，分配给合作学习的时间长短，学生都可以参与到合作学习中来，与其他小组成员进行互动，课堂气氛也比以往活跃了许多。所以，目前教师已经认同了合作学习的好处，而且在课堂教学中进行了有益的尝试，这一点是值得肯定和鼓励的。

（二）合作学习策略应用于生物课堂教学中存在的问题

合作学习策略应用于生物课堂教学已经取得了一些成绩，但是也存在着一些迫在眉睫的问题，影响了其成效。

1. 合作学习策略的运用流于表面形式

合作学习运用于生物课堂教学的现实情况不是很乐观，教师在公开课中几乎都运用这种形式，但是在常规课中却很少会使用。这主要是由于教师认为，利用合作学习的形式进行组织教学，比较耗时，对教学进度有一定影响；作为新课改提倡的方式，在公开课中运用会得到专家及同行的肯定。也就是说，教师内心对其效能还存有怀疑，这种流于表面形式的运用显然不会将合作学习的优势淋漓尽致地表现出来，更会在很大程度上影响课堂教学的效果。

2. 合作学习在内容选择上缺乏价值性

虽然合作学习有许多优势，但是也不能够代替传统教学模式，必须将两者合理利用起来，才能达到最佳的教学成效。教师应该根据教学内容的特点，选择适合的教学方式，不能流于表面形式，一味追求合作学习。对于比较简单，易于掌握的教学内容，教师可以采用传统教学方式；对于教学内容比较困难的，尤其是超出学生能力范畴，学生没办法完成的，也不应采用合作学习方式。

3. 合作学习策略在运用过程中，教师对自身角色缺乏准确的定位

教师需要扮演活动的组织者、参与者、指导者等多重角色，而且不能过多地干涉学生

的合作探究活动。但事实上，教师还没有准确定位自己的角色，出现了两种极端。一些教师把课堂完全交给了学生，成了不折不扣的旁观者，布置完任务后，就让学生进行合作学习，没有及时在各小组之间进行巡查，没有参与学生们的合作探究，只是在观望或者忙自己的事情；还有一些教师让学生配合自己完成合作学习，成为课堂教学的主宰者，让学生按照自己的思路、安排完成课程的流程。

4. 合作学习在运用时课堂秩序难以得到保障

教师普遍反映合作教学比传统教学的课堂秩序要差很多，这是他们在运用过程中遇到的最大的问题。教师没办法听清谁是中心发言人，说话者在说什么，甚至有些学生在聊天，显然混乱的秩序对于课堂效果影响极坏，甚至影响其他班级正常教学。

五、合作学习的方法

新课程理念重视学生的综合素质培养，将社会、个体与自然有机结合，促进学生全面而个性化地发展。新课程理念下，生物教学倡导学生的探究性学习，对传统的生物教学观念提出了挑战，重视对生物教学手段的革新，重视学生的主体地位，以学生的未来发展为中心，引导学生主动进行生物学习与探究，在交流与合作中培养学生学习兴趣和能力，形成逻辑性思维形式以及解决问题的能力。简而言之，新课程理念下，生物教学应重视学生的探究与合作学习。在生物教学中落实合作学习，对促进学生的个性发展以及合作精神、竞争意识有着重要的意义。

（一）转变师生合作学习观念

社会是由一个个单独的个体所组成的，并且个体之间的综合能力参差不齐。人类在发展的历程之中，就逐渐掌握了以合作的形式达到某一目标的行为，尤其在当今时代，没有合作意识与合作精神就注定被淘汰。学校教育的目的就是为社会的发展培养有用的人才，要保证学生在进入社会之后能够融入社会，找到自身发展的方向，成为一名合格的社会公民，为建设和谐社会贡献自己的一份力量。传统的教育使学生偏重于自身能力的提高，没有与人合作的意识，缺乏团队精神，这与合作学习的理念相悖，也使得很多教师和学生不能完全地转变合作学习的教学观念和学习观念。因此，必须让师生深刻了解合作学习的内涵与意义，形成合作意识，提高交流能力，才能在生物教学中充分发挥合作学习的功能。

（二）设定合理的学习内容

合作学习对学习内容有一定的要求，学习内容需要具有讨论与探究的价值，具有开放性与探究性。

教师要切实掌握学生的学习状况，把握学生的"最近发展区"，选择适宜的合作学习内容。同时，明确学习内容的重难点，利用合作学习推动学生对重难点进行针对性的讨论与理解，然后在教师的帮助下，进行总结与深入理解，促进学生切实掌握学习内容。例如，在生物基因突变与重组的教学中，设计合作学习教学计划，首先根据学习内容搜集相关材料，为学生展示贫血、白血病等遗传病，吸引学生的注意力；其次，以小组为单位对本节课教学内容进行自学并讨论基因突变的原因、特征以及基因重组的方式等教师设计的具体问题，共同得出结论；最后，教师根据学生的学习情况，引导学生认识基因遗传与重组怎样遗传和产生新基因。

（三）提高教师的教学能力

教师是合作学习的组织者与引导者，教师的教学能力直接影响着合作学习的效果与质量，因此，教师要自觉提高自身教学能力和教学组织能力，合作学习中切实发挥自身的教育功能，对学生合作学习加以引导和推进，以及在合作学习后为学生梳理与总结学习内容，帮助学生建立清晰的知识体系。在展开合作学习的过程中，教师参与学生的讨论，有利于深入掌握学生的学习进度以及建立和谐的师生关系，为接下来的教学设计做好铺垫。在合作学习之后，教师需要对学生的学习成果进行检验并进行相应的指导，以促进学生对知识的掌握，增强学生的合作学习能力。

（四）创设良好的合作学习氛围

首先，合作学习要切实遵循"组间同质，组内异质"的学习分组原则，有利于营造良好的合作学习氛围，保障合作学习顺利进行。小组内的分工要明确，由组员推荐组长，在组长的组织下确立本组成员的任务与角色，要确保组内每一名成员都有任务，让组内成员都有发展的机会。其次，培养学生的合作学习意识，每一个小组都是一个学习共同体，教师要鼓励学生相互尊重，同甘共苦，组织小组内互评，让学生了解自己与组员的优点与缺点，组员之间相互帮助，共同克服缺点，发扬优点。最后，培养学生的合作学习技能。合作不仅是一种形式，也是一种能力，教师在小组学习过程中，要引导学生学会倾听与表达，尊重他人，在表达自己的观点的时候声音洪亮，逻辑清晰。同时，鼓励学生将自己的不同观点表达出来，帮助学生克服"少数服从多数"的心理，引导学生对不同的观点进行讨论，并最终得出共同结论。

在新课程理念的指导下，生物合作学习取得了良好的教学效果，但是仍然存在一些缺点和不足。要切实提高生物合作学习的实效性，必须立足于新课程理念的教学目标与目的，转变师生的教与学的观念，合理设计合作学习内容，提高教师的教学能力与教学组织能力，创设良好的合作学习氛围，从而提高生物教学的质量，促进学生形成合作意识，提高学生合作能力，推动学生全面发展。

第五节　课堂探究教学法

随着新课程改革的不断深入，教育部门对生物学习的要求有了很大变化，更加注重培养学生动手实践、自我探究的能力。传统的教学方法更注重具体知识的获得，系统性不足，且不能培养学生的学科思维，从而降低学生的学习兴趣。为了促进学生的学习积极性，提高学习效率，我们逐步在探索生物课堂的高效性和探究性。它主要使学生和教师的角色互换，把课堂交还给学生，而教师主要起组织、帮助、解答、提高的作用。

一、探究课堂的优势

（一）探究课堂以先进的信息技术为基础

提高课堂效率需要引入多种手段，包括现代化手段。教师通过精心制作课前预习微视频，让学生进行生物知识的预热，刺激学生自有知识的发掘从而节约大量课堂时间，把课堂时间更多地交给师生交流，会获得事半功倍的效果。要想实现这一目标，就需要教师充分发挥网络资源优势，挖掘有价值的信息用于生物教学中，并以视频的形式共享给学生，以提高学生的学习效果。

（二）提高教学水平，促进师生间的互动

探究课堂的应用给生物课堂注入了生机，但也对教师提出了更高的要求。教师作为课堂的主要设计者和引导者，必须不断总结、更新、丰富自己的知识储备，才能应对学生层出不穷的学习要求。高效课堂增加了教师与学生的交流，给学生带来了更多在课堂上展示的机会，让学生主动思考、反复探讨，进而形成生物知识体系，同时也有利于培养学生的团队合作精神。

（三）以学生为主体，化被动学习为主动探索

传统的教学方式主要以教师作为课堂的中心，学习信息主要来自教师，这种教学方式

不仅使学习效率低下，还会造成学生对教师的依赖，不利于培养学生的主动性、创新能力。而探究课堂则是以学生为主体，在教师的帮助下明确自身学习优劣，制订个性化学习方案，以合作探索的方式和同学在课堂上取长补短、共同进步。学生从而化被动学习为主动思考，养成良好的学习习惯，把生物学知识内化为自身理论体系。

二、探究性教学的有效性

随着现阶段课程改革的不断更迭，探究式教学模式在生物课堂教学中正在悄无声息地发生着一系列的改变，从最开始的蜂拥而至、盲目服从、打闹嬉笑的课堂活动，慢慢演变为一种务实、靠拢生活、程序化的教学过程。在这样的前提条件下，探究的形式和方法完全不落俗套，而是趋于相同，具体可以概括为"主题的甄别""方案的撰制""探究的实现""剖析与沟通"以及"多表达式"等。由于新课堂必须经历从概念到实践的更迭和演变的过程，因此，在生物课堂教学中一览无余地展示出探究教学的有效性，是摆在每位教师面前的一个迫在眉睫的核心问题。

（一）有效目标的制定策略

行之有效的探究性教学须在教师制定的目标下具体实现，其前提条件是必须把综合课程资源当作一个奠基石。新课程标准的立体式教学目标（譬如知识与潜力、过程与手段、心理要素与价值观）一律重申的是：让学生以激情饱满的心态投入到探究性学习活动之中，并把学生可持续性发展放在首要位置，这是制定教学目标的切入点和夯实的依据之一。故此，学生学习的最终效果简洁明了地验证了教学目标的有效性。

1. 把握清晰方向，实现立体化目标

教师有效目标的实现要以洞察学生的知识架构和表达能力为基准点。在筹备形式多样的探究活动中，教师应当辅助性地援引学生撰制确切的学习计划，并参照已有的知识和阅历，慢慢实现立体化的教学目标。立体教学倡导的始终是为了学生的发展，因为它是实现有效教学的坚实后盾，其作用是不可小觑的。但是鉴于教学内容的设定，教师要反复斟酌设计出实用性的目标，侧重点也截然不同，且指导必须做到清晰明了。

2. 洞察学生的差异，提前撰制目标

教师借助于目标管理教学足以做到成功开展有效教学，但教师必须提前撰制与之匹配的目标，契合所有学生的迫切需求，并从根源上向每个学生的"最近发展区"靠拢。在自主开放式的学习探究驱使下，学生个体的千差万别渐渐填补了新课程资源生成的可能性。

反之，教学目标肯定会与探究式教学南辕北辙，撰制目标的失败将大大降低课堂的"光彩"。

（二）有效课题的策略断定

全新教科书有充盈的资源可供探究性学习。除此之外，新课程严格要求每一位教师要洞察每个学生的精神领域和实践潜力，筹备丰富多样的探究性学习活动。因为教科书早已不是教学内容的唯一基准点，而是课程资源不断衍生的一部分。故而，行之有效的探究课题十分有必要不断更迭，既能推陈出新，又极具挑战空间；既能契合学生的强烈需求，又能渐渐指引学生今后拓展的方向。

再则，教师还要恰如其分地留出充裕的提问空间，以此了解学生之间存在的差异。由于不是所有的教学内容都可以演示"探究"，教科书中提供的探究性问题无法与每个学生的偏好和潜力相匹配。如此一来，教师要把"开放"的原则掌握得当，营造极具吸引力的课堂环境，鼓励学生提出各式各样的问题；教师可以筛选这些问题，用一些细腻、简洁、明了的语言引导学生在准许的范围内，与学生搭建友好亲睦的桥梁。这样一来，方可向学生的"最近发展区"靠拢。

（三）有效方案的策略布局

1. 提供广阔的思维空间

以往典型实验教学的侧重点在于对结论的检验，教师墨守成规地顺应教学要求即可。学生在遵从教师或者教材方案时，局面十分被动，不难看出实践的意义远远大过于创新。例如，"绿叶在光照下制造有机物"的验证实验：假若在处理的过程中漫不经心，那么就会对其中的内涵忽略不计。在实际操作中，作者要求学生借助教师给予的材料就地取材（如白纸、塑料挡光板、其他五花八门形状的教具等）自主布局探究方案。要竭尽全力保障操作过程中的安全，教师可以让每个小组练习自己拟订的方案。如此一来，活动不单单极具挑战性，而且让每一位学生都拓展了广阔的思考空间。即便是实验未能成功，也会从中收获到截然不同的感受，比起全班的"欢呼雀跃"要更加真实。

2. 规整社会资源

新课程不再纯粹地要求教师讲授教材，而要深层次地剖析教材，挖掘和借用宝贵的教学资源，努力做到灵活应变、融会贯通。有少量的学生会甄选一个优秀的课题进行探究，但由于受到实验步骤的限制，很难选出简洁明了的操作方案。鉴于此类情况，教师应大力鼓舞学生多多借用社会资源，使学生的实验计划得以成功实施。

（四）有效探究的实施对策

在探究性学习中，由师生牵头组成的"学习共同体"有必要参考两个"凡是"原则，即："凡是学生都能探究，永不干预""凡是学生自主思考，永不插手。"在有效实施的时候教师可借鉴以下的实用性对策：

1. 学生有效参与对策

课程实施的关键性要素就是让学生行之有效地参与到其中，亦可团体式地通力协作。教师可以要求学生事必躬亲，尽善尽美。在参与环节，他们可以直接检索探究的内容，衍生出自己对感性知识的理解；在协作中，可以轻而易举地总结出自己的情感态度，在此基础上稳健发展。

2. 教师有效参与对策

教师将权力下放给学生并不意味着学生就能够随心所欲地进行学习，这需要教师对学生的率领、援引和支撑。特别是在探究式教学这方面，教师有必要丢下"威严"的形象，认真对待自己在教学活动中充当组织者和领头羊的作用，从根源上让学生真正实现有效的学习。

（1）激发式的指引，并提出问题

参照生物教材的特点，并契合学生的年龄特点，预设探究情景。在这样的前提条件下，鼓励学生发掘自我检索和发现问题关键点的潜力。教师应当搭建友好亲睦的桥梁，尊重学生的意愿，正视其发掘的问题，并答疑解惑。教师可督促学生在平时的生活中、操作实践中以及研习中尽量发现与生物学相匹配的问题，并尽量以书面或者是口头形式去诠释这一类问题，行之有效地规避已知科学知识与发现问题二者之间的分歧。

（2）合作探讨与假设

在学生提问后，教师应为学生提供单独思考、合作探讨和互动的契机。待学生完成思考的交互和对接之后，可从学生已拥有的知识架构和能力着手，针对各式不同的问题提出匹配的假设。简洁地说就是从现有的知识量中提出与问题相契合的假设，推断假设的可教性。除此之外，教师应积极引导学生大胆思考，对的给予肯定，错的给予提示，以此锻炼学生的甄别能力和洞察力。

（3）小组交互，撰制方案

假设提出后，教师选择何种方案去验证假设，毋庸置疑是探究的关键。鉴于此，教师应在现有数据的基础上给予少量提示，促进学生达到推翻或者检验假设一致性方案的能力水平；设计与单变量、对比原则完美契合（可详尽地进行空白对照，自我监察，项目控制，交叉控制）等驳杂性原则。

（4）落实计划，得出结论

落实计划实则是观察、检索和验证。第一步是检索数据，评估数据的稳妥性，紧接着概括现象，对数据做细致的处理，最后得出实用性的结论。简而言之，教师要求学生验证实验现象，并依据实践得出结论。

（5）激励考核与拓展探究

在学生得出合作性探究的结论后，教师应当对学生的积极参与进行表扬，总结探究成果，并对同样问题提出行之有效的解答办法。评估方法可以是自我测评、相互评价、课堂总结或者是教师作补充。在评价中，教师要认真对待这一过程，对学生的能力和态度给予勉励，通过活动让学生获得成就感，进一步培养他们的团队合作精神。

（五）有效交互和诠释对策

此环节在探究式教学的实施中占据着重要的地位。行之有效的交互，从大局上来说就是全体师生分享知识、沟通情感、总结硕果，这也是知识自我演变和更迭的关键。

1. 建立独立的思维空间，提供平等的表现机会

在交互之先，教师可适当地为每个学生提供独立思考的空间，让学生甄别思考的路径和方向。站在教师的角度上来说，我们应该给每个学生一个平等的表现机会。此类型的小组没有"代言人"，这将要求学生轮流担任"组长"，排除权威和偏见。

2. 营造和谐氛围，鼓励创新

在实际操作中，教师要耐心倾听、虚心接受、给予肯定，必要时自我内省。教师作为听众也应当耐着性子等待，在课堂上不随意打击学生的积极性，并谨慎妥当地给予一些评价和建议；特别是对那些个性内向、缺乏自信的学生，更应该给他们一些关爱和恰当的心理暗示。当然教师的建议也是同等重要的，循序渐进地引导学生用自己的方式去诠释内心的感受，展示自己的优越性，鼓励学生提出一些奇思妙想。

教学中张弛有度的方法，简洁高效的教学是每一位教师不懈的追求。当下，课程改革的浪潮或多或少地影响和更迭着教师的教学观念。但观念的转变并不能一览而尽地展现出教师教学质量的提高。要实现可持续发展，每一位教师都必须在实践中不断地更新，每一位教师都必须为之努力奋斗。

三、探究式教学的设计

探究式教学模式主要是在教学过程中，教师指导学生围绕某一主题进行研究分析，教师在旁辅助指导，以此提升学生自主思考能力。同时，此种教育模式有效锻炼了学生学习的主观能动性，帮助其形成了良好的学习能力。此种新型的教育模式既符合新课改要求，又能够培养全面发展型人才。因此，为了提升教学效率，教师应将此种教育模式引入课堂教学，以此促进学生全面发展。

（一）探究式教学目标设计

生物教学中，教师采用探究式教学模式，首先应创设问题情境。在探究式教学模式中创设问题情境，能够使学生有效探讨，从而激发学生探索欲望，使其能够主动思考。其次，教师应引导学生的认知冲突，锻炼学生的生物学习思维。教师在创设问题情境时，应保证问题情境能够引导学生的认知冲突，使其心理产生问题悬念，以此激发学生学习兴趣，提升其学习能力。最后，教师在对学生进行生物教学时，问题设计不应过难，也不能够太简单，避免学生产生畏难情绪，适度激发学生的要强心理，从而有效提升生物教学效率。

教师在创设教学情境时，应营造生活化教学情境，使学生能够理解问题，从而进行深入探索。由于生物教学是一门以实验为基础的教育学科，教师能够通过实验现象创设问题情境，以此为主题要求学生进行探讨，既能够帮助学生形成科学探究能力，又能够帮助其积累生物知识，有效培养全面发展型人才。

（二）探究式教学内容设计

教学内容在探究式教学模式中占有重要地位，是教师实施探究式教学的主要载体。因此，教师在设计教学内容时，应通过实验提升探究式教学效果。教师应要求高中生自行设计实验内容，在其失败时，对其进行有效指导，以此加深学生对生物知识的理解，使其能够更扎实地掌握生物知识。其次，教师还要利用生物科学史的发展对学生进行生物教育。学生了解生物发展史后，能够从中寻找到解决生物问题的方法，从而使生物探究式教学更具教育意义。同时，教师利用生物模型简约、直观的特点设计探究式教学内容，能够使学生直观地观看生物结构，将抽象的生物知识变得形象化，有利于教学效率的提升。除此之外，教师还可利用计算机辅助教学，在网络中寻找更丰富的教育资源，帮助学生扩宽生物知识面，使其在脑海中形成生物知识网络，奠定坚实的生物知识基础。

（三）探究式教学策略设计

教学策略设计在生物探究式教学中是具体的教学措施，根据现阶段素质教育的要求，生物教学应以培养学生生物综合素质为主。因此，教师首先应激发学生的探究兴趣，学生学习较为辛苦，枯燥的教学方式难以提升学习兴趣。在生物教学中，教师应拥有教学激情，以此带动学生的学习兴趣。同时，教师应营造良好的探究氛围，采用游戏教学法、故事教学法等激发学生的学习兴趣，使其能够积极主动地进行生物知识探索。除此之外，教师应要求学生自行动手进行生物实验，使其在实验过程中产生对实验现象探索的欲望，以此培养学生生物思维能力，帮助其形成良好的学习习惯，有利于其未来发展。

（四）探究式教学评估设计

传统的教学评价方式主要是教师以分数的高低对学生进行评价。在新课改的要求下，生物教学采用探究式教学方式，因此，应对教学评估重新进行设计。首先，教师应以学生学习发展力度为主，对其进行定性分析，以此做出教学评估。其次，教师应对学生的学习兴趣、学习态度、学习能力等方面进行考察，根据学生的实际学习情况进行全面评估。同时，教师还应向学生询问教学满意度，以此为基础，对探究式教学方式进行评估。最后，教师应结合以上评估结果，对学生生物学习综合能力进行评估，以此为学生接下来的学习明确学习方向，帮助其不断提升生物成绩，使其在高考中能够取得优异成绩。

探究式教学模式能够为生物教师提供更广阔的教学空间，使教师发挥创造性思维，为学生提供专业的生物教学。同时，还能够为学生提供更大的学习思考空间，锻炼学生的学习思维能力。因此，在生物教学中应用探究式教学模式，能有效为社会发展培养优秀人才。但在实际应用中，教师应注意合理设计教学实验，引用典型的教学案例，发挥学生的创造性，从而提升生物教学水平，促进我国生物教育事业的进步。

第四章　思维导图教学模式

第一节　思维导图教学模式的概述

图像化技术和各种传播媒体的发展将人们带入了"图像时代"，人们越来越倾向于凭借着各种视觉信息载体来获取和理解知识。自 20 世纪 60 年代英国教育学家托尼·博赞（Tony Buzan）发明了思维导图以后，更是将大脑的潜能发挥得淋漓尽致，它提供了一个快速有效的学习方法，促使大脑自如地进行思考，在各行各业乃至人们的生活中都得到了广泛应用。

一、思维导图概述

思维导图（Mind Map）又叫思维地图，同时又被译为脑图、心智图、心灵图，是英国学者托尼·博赞于 20 世纪 60 年代初期创造出来的一种思维工具或思考方式。托尼·博赞在学习碰到障碍、思考受到桎梏、记忆力遇到挑战的时候，寻求帮助未果，却灵光乍现，开始探索研究人脑与思维，从而为人类思维的研究开辟了新天地。他除了研究人类大脑构造及神经生理机制之外，还研读了心理学、语言学、信息论、记忆技巧、创意思考等内容，而且在研究过程中受到了达·芬奇（Leonardo da Vinci）与爱因斯坦（Albert Einstein）等伟人的启发，才最终创造出思维导图这一神奇的思维工具。托尼·博赞在《思维导图》一书中是这样对思维导图进行描述的："思维导图是放射性思维的表达，因此也是人类思维的自然功能。它是一种非常有用的图形技术，是打开大脑潜力的万用钥匙。"

思维导图是一种思维工具。所谓思维工具，是指那些为方便学习者呈现他们的学习内容而采用或开发的工具和学习环境。而作为一种思维工具，实质上它表现的是一个思维过程，学习者可以通过思维导图厘清思维脉络，可供自己或他人回顾整个思维过程。而作为一种表征知识的工具，思维导图可以成为智能伙伴，让学习者变得更加聪明更有智慧。学习者能借助思维导图将抽象事物形象化、具体化，可以提高发散思维能力、创新能力。总之，思维导图更符合人类的形象思维与创新思维。人类的思维可分形象思维与抽象思维，它们是一对矛盾统一体。或许抽象思维属于更高层次的思维，但是据研究，人类的记忆主要是靠形象思维。形象思维是人类的基本思维，是最初的思维形式。

从一定意义上说，形象思维不可或缺，比抽象思维更重要。人类思维还可分为创新思维与逻辑思维，它们也是对立的。一个具有逻辑思维的人，会把东西分门别类地在桌子上摆放整齐，但是却不排除会因为种种原因有时找不到目标物；而一个具有创新思维的人就可能会把所有的东西都杂堆在桌子上，但他们仍然知道重要的东西放在哪里。思维导图就是这样一种以生动形象的独特风格吸引人们的注意力，以突出重点、发散思维、激发创造力的优势而促进人类学习的思维工具。

思维导图也是一种知识可视化工具。"可视化"是指将抽象的事物或过程变成图形图像，在人们面前直观形象地展现出来，从而达到增强认知的目的。知识可视化是指应用视觉表征手段将知识形象化、外显化，从而促进知识的传播与创新。其实质是用图解的方式将知识表示出来，然后直接作用于人的感官。可视化工具能使抽象问题具体化、形象化，有助于学生对知识概念的理解，这是静态的、线性的文字形式无法企及的。思维导图使用丰富的图形图像、多样的色彩、多种符号线条、变换的维度等形式构图，将文字资料图片化、将抽象信息形象化、将隐性知识显性化。总之，思维导图是用画图的方式把自己的思维给画出来，其呈现的信息是可视化的。对绝大部分学习者而言，只有眼睛看到的才能真正理解，才能真正进入记忆系统。因此，一幅图片可能真的比千言万语更有价值。

思维导图是将放射性思考具体化的一种方法。放射性思考是人类大脑的自然思考方式。任何一种进入大脑的信息，无论是感觉的、幻想的或是记忆的——包括文字、符号、数字、线条、图片、颜色等任一种可呈现的物体，甚至包括意象、香气、节奏等可以代替呈现的信息，都能成为一个思考焦点，然后由这个"种子"般的焦点向外无限放射，形成成千上万的分支，每一个分支都是这颗"种子"发展的产物，而每一个这样的分支又可以形成次级思考焦点，再向外发散出成千上万的分支。依次下去，直到最终完成目标。思维导图正是基于这样的思考绘制完成的，是放射性思考的具体表现，导图的中心主题就是这颗"种子"，而后繁殖出茂盛的可见的枝枝叶叶。从思考的分类看，这种思考方式应该属于水平思考与垂直思考的结合。垂直思考是把同一个洞越挖越深，水平思考则是在别的地方挖另一个洞。观察一幅思维导图，把视角放在最初的思考焦点（中心主题）上，无限的放射性思考则是水平思考的表现形式；再把视角沿着任一个次级思考焦点（次主题）追寻下去，无限延伸的思考则是垂直思考的表现。如果一条道走到黑，不可避免地会走进死胡同，而如果愿意尝试多条路径，从多角度方式去观察事物，或许能够发现新大陆，产生全新的想法与巧妙的创意。这也正是思维导图的最大优势所在。

思维导图是开启大脑潜能的万能钥匙。它将左脑的词汇、数字、逻辑、分析、顺序、线性感和右脑的节奏、想象、色彩、维度、空间感、完整倾向、白日梦等各种因素都调动起来，把一长串单调枯燥的文字信息变成具有高度组织性的、利于记忆的、彩色的图。类似的，人类大脑的思维也这样呈现出发散性的网状图像。因此，思维导图恰是人类大脑思维的真实体现。但是，我们平常使用的线性的文字资料基本上只是使用了左脑的功能。而研究表明，人类对脑的使用率只占了大脑机能的 4%~6%，即使是爱因斯坦这样的天才也仅仅是应用了大脑机能的 18%。在记忆方面，右脑记忆是左脑的 100 万倍，所以我们绝不能忽视甚至埋没人类右脑这个记忆库，而是要努力挖掘其潜能，充分发挥其作用，让我们的左右脑同时高效率地运转起来。而思维导图把左脑与右脑功能结合起来，使左右脑功能协作互补，发挥全脑工作优势，展示出系统的、完整的、各种思维方式有机聚合的作用。

思维导图还是一种图文并茂的笔记方法。创新思维导图的最初目的就是改善笔记。因为传统的线性笔记有诸如不能有效刺激大脑、埋没关键词、不易记忆、浪费时间等弊端，于是有必要寻找一种更有效的方式整理记录学习笔记，最终促进学习。思维导图利用关键词、数字、符号、图片、颜色等要素把文章作者的思维脉络与教师、演讲者的思维过程以及自己的思考过程用生动形象的图画给画出来。用这种方式储备的知识回忆与利用起来会更加灵活、更具创新性，与直线笔记相比，引用的时候需要自己重新组织语言，更能渗透自己的观点、想法进去。如此，别人的东西才能真正成为自己的资源。

二、思维导图的优势

（一）基于思维导图的课堂教学模式的优势

1. 有利于教师组织教学内容

思维导图能把枯燥单调的线性信息变成彩色易记忆的，并有高度组织性的图与高度概括化的关键词、代码、符号等，利用它进行教学设计更加方便灵活，更有弹性，便于修改与完善。

2. 促进了教师和学生自身能力的发展

思维导图发散性的特点既可激发学生的想象力和创造力，也能使教师自身的思维更加发散。学生和教师构建思维导图的过程，也是对知识不断理解、消化、吸收的过程。教师和学生之间互相学习对方的思维导图，进行对比，能够调换思考问题的角度，优化自己的思维模式，可以使各自的知识体系更加完善，思考更加全面，思维更加活跃。

3. 体现了"以学生为中心"的教学理念

建构主义强调学习者的主体作用，强调学习的主动性、社会性和情境性，提倡在教师指导下以学习者为中心的学习。学生是信息加工的主体，是意义的主动建构者。在基于思维导图的教学模式中，从预习到复习的整个过程都是在学生的积极参与下进行的，学生是主体，教师充当学生学习的引导者、组织者与帮助者的角色。学生在教师的讲授和指导下应用思维导图完成对知识的自主建构，充分体现了"以学生为中心"的教学理念，发挥了学生的主体地位。

4. 有利于激发学生学习动机，提高学习兴趣

实践证明，更为形象、有趣的信息对学生更具吸引力。思维导图正是利用图形、关键字、分支、颜色等要素使信息形象具体化、可视化，而且绘制思维导图的过程更能激发学生的创造性、想象力等潜能，使学生能够获得成就感，同时能够鼓励和激发学生学习的积极性和主动性，提高学习兴趣，把被动学习变为主动学习。

5. 便于总结与复习

思维导图具有极高的压缩率，利用具有高度组织化与概括化的思维导图进行教学更方便学生进行总结。通过预习、课堂交流、复习这几个环节构建与完善思维导图，使得知识以一种创造性的方式表达出来。学生在对整门课程进行复习时，翻看每节课的思维导图式总结，可以很容易找到自己没掌握的知识点，并进行有目的的复习，从而大大提高复习的效率。学生把知识点绘制在一幅思维导图中，经过长期的实践和积累，可以培养学生的总体设计和规划能力，提高其归纳总结的能力。

基于思维导图的计算机网络课堂教学模式充分发挥了学生的学习主动性，促进了师生之间的交流，能够提高学生的认知能力、学习能力和记忆理解能力。与传统的课堂讲授法相比，这种方法可以加深学生对计算机网络概念的理解，便于教师跟踪学生的学习思维过程，发现传统教学不易发现的思维漏洞和理解上的偏差。教学实践证明，此教学模式不但可以促进教师的教，也可以促进学生的学。当然，一种新模式的推广和应用要经过不断实践和完善，接下来我们还须不断扩大研究范围，对不同专业、不同课程进行更加广泛和持久的实践，不断总结经验。

(二) 利用思维导图培养学生理解力的优势分析

运用思维导图有助于教师掌握有效的教学方法，而学生掌握有效的学习方法，对教学效率和教学质量的提高都有很大的帮助。通过在整理和绘制思维导图的过程中对关键词和核心内容的查找，可以更好地帮助学生加强对所学知识的理解，并将所学内容进一步深化，从而促进学生理解力的发展。

运用思维导图还可以系统科学地对课程资源进行有机结合，有助于建构完整的知识结构。运用思维导图还可以帮助教师和学生整体把握要教的内容和要学的内容，可以形成一个整体框架，而且可以根据需要进行实时调整。

思维导图与传统线性文本不同，因为知识的结构非常清晰，很容易记忆。因此，可以很快地从大脑中提取出来。不仅如此，思维导图除了展示事实，还能把知识之间的联系也展现出来，这样能加深学生对知识的整体理解。

对学生而言，实现理解往往不是一蹴而就的。因此，教师在课堂中应该创造有利于学生理解的环境。教师运用思维导图进行教学或者学生运用思维导图进行学习，都可以通过逐步建构思维导图的过程，促进学生在每个阶段对知识的理解，帮助学生从低水平理解向高水平理解迈进。

运用思维导图教学，通过建构知识网络，引导学生梳理不同知识间的关系，把握知识之间的脉络，从而帮助学生在头脑中建立清晰的知识网络，不仅巩固了学生对知识的掌握，也大大地提升了学生的理解力水平。

三、思维导图的特点

（一）中央图像不可缺

每一幅思维导图都会将形象而醒目的图像置于中央作为中心主题，这样可以自动地吸引眼球和大脑的注意力。如果有很特别的词（不方便使用某图像代替）需要在导图中处于中央地位，则这个词也可使用色彩、增加层次感、变换词形等吸引人的外形来使之变成图像。

（二）图形遍布思维导图

只要有可能，就使用图形。图形除了能够吸引眼球，还可以触发无限联想，并且可以极其有效地帮助记忆。与语词相比，大脑更倾向于接受图形。

（三）关键词的使用

思维导图中虽然以图形图像为主，但是也离不开关键字与关键词。思维导图并不会完全排斥文字，而是更强调融图像与文字的功能于一体。因此，关键词可以单独使用，分布在分支线条上，但是一般更倾向于与图形图像一起使用，起解释引导作用。

（四）多色彩

色彩增加了导图的生动性与活力，可以增强记忆力与创造力，避免单调信息作用于大脑。

（五）曲线的使用

大脑容易对直线产生厌烦倦怠情绪，思维导图中的曲线和分支，犹如大树中奇美的树杈，更能吸引眼球，激发想象力，因为曲线更符合自然，拥有更多美的因素。

以上这些是思维导图的普遍特点。此外，托尼·博赞还在《思维导图》一书中描述了思维导图的四个基本特征：一是注意的焦点显著地集中在中央图形上；二是主题的主干作为分支从中央图形向四周发散；三是分支由关键的图形或者写在能引发联想的线条上的关键词构成，次要话题也以分支形式表现出来，附在较高层次的分支上；四是各分支形成一个连接的节点结构。

四、思维导图的绘制

（一）思维导图的结构框架

思维导图虽然使用了视觉刺激开发右脑的潜能，但其终极目的还是组织个人的知识结构和思维想法。因此，制作思维导图前，要先找到整理这些关键词的一个结构框架，否则信息未能紧凑有序地排列，会造成在层次和类别上的混乱，变成了只重形式而忽略了内容结构的"伪图"。

因此，托尼·博赞在书中就提出了基本顺序思想，即用层次和分类来组织我们的思想。基本顺序思想是一些关键的概念，其他的概念是基于它们组织起来的，好像提供了一个认知框架，它将主要的思想集中起来，那么下一级思想也能很快产生，有助于形成、整理和构造思维导图，使思维以自然有序的方式进行。在实际制作中，平均的基本顺序思想或主干数尽量不要多于 7 个，以下是一些有用的基本顺序思想。

1. 基本顺序思想总括

①基本问题——什么时候、什么地方、是谁、怎么样、为什么、是什么。

②分部分——板块、章节、课别、主题、部分。

③性质——事情的特征、本质。

④历史——事情发生的时间、因果。

⑤结构——事情的外形、层次。

⑥过程——事情是怎样发展的。

⑦评估——事情的价值、益处、不足、改进。

⑧分类——事情间的相互关系如何。

2. "5W1H" 分析法

①Why（原因）

②What（对象）

③Where（地点）

④When（时间）

⑤Who（人员）

⑥How（方法）

3. 六顶思考帽

六顶思考帽是英国学者爱德华·德·博诺（Edward de Bono）开发的，六种颜色的帽子代表六种思维模式，用以进行思维训练。

①白色思考帽：中立和客观，只是关注事实和数据。

②黄色思考帽：价值与肯定，要从正面考虑问题，表达积极的、肯定的、充满前景的观点。

③黑色思考帽：否定和负面，可以发表负面意见，找出逻辑错误，进行质疑和批判。

④红色思考帽：情感，可以表达情绪、感受，也可以发挥直觉的看法。

⑤绿色思考帽：勃勃生机，要尽情发挥创造力，实施头脑风暴。

⑥蓝色思考帽：控制和调节，负责计划和控制思考过程，最后得出结论。

总之，每一张思维导图都是通过提炼多个关键词对一个中心主题进行发散的解读，而对主题的理解程度，不但要靠关键词的准确选择，更要靠关键词的层级关系和类别关系的组织。每层概念都由上层一个概念按照一定标准进行分类而成，每个概念既是包含于上层概念的，又能够包含许多下层概念，同时又有其他同级概念。这样形成的一个具有结构性、层次性和关联性的知识结构，才是符合大脑学习和记忆的。

（二）思维导图的绘制规则

思维导图有手绘法与机绘法，它们各自使用的工具与材料、绘制的手段与方式大不一样，但是它们都遵循一套共同的规则。

1. 突出重点

突出重点是改善记忆和提高创造力的重要因素之一，思维导图中突出重点的方式很多：中心主题使用图像，整个思维导图尽可能多采用图形，因为图形图像能改善视觉感触力，增加吸引力；使用关键词，关键词更醒目且更能促进联想；使用多种颜色，颜色更能刺激大脑与视觉细胞；线条、字体和图形的大小与形状尽量增加变化，可以通过变化来吸引注意力。

其次，只要有可能就要尽量用图形，这除了有上述的好处外，还可以平衡视觉和语言皮层的刺激程度，这样就不会因为通篇的字而引起视觉疲劳，从而提高视觉的感受性。

最后，要多使用不同的字体、线条、颜色、图形等，不同的字体、字号、粗细、颜色等，不同的线条粗细、长度、弯曲程度等，这些都能在一定程度上吸引人们的注意力。另外，还要安排合理有序的间隔，这样会使思维导图看起来更加有条理性。

2. 发挥联想

联想是人脑使用的另一个整合工具，也是改善记忆和提高创造力的重要因素，是人脑理解与记忆的关键。思维导图要使用更具动态性质的图形图像和更具灵活性的关键词，强调重点的同时也能够有效发散思维、促进联想；导图中使用各种线条进行连接，使用箭头与代码进行引导，同样可以引发并拓展联想。

有分支要进行连接时，可以使用箭头。箭头可以指引我们将思维导图中的两个部分联系起来。箭头可以是单向的，也可以是多向的，大小、形式和维度都可以变化。

另外，我们在思维导图中可以使用代码，在各个部分之间建立快速的联系。代码可以巩固和强化知识之间的层次，使知识的分类更加清晰。代码的使用可以通过颜色、符号、形状和图形，如圆圈、三角形、下划线、对号、错号等来实现，因此更有助于理解。

3. 清晰明白

模糊不清会妨碍感知力，更谈不上记忆。因此，为了达到改善记忆、促进思维能力等效果，绘制思维导图时必须清晰明白。分支上使用清楚的图形或者只写一个关键词，关键词要写在线条上而且最好与线条同长，使用的线条要粗细有别，具有层次感，字迹书写工整，图形图像清晰美观，手绘时保证绘制空间足够大等。

思维导图使用层次和分类来组织我们的思想，当聚集起主要的意念时，二级分支和三级分支的意念就可以很快地想到，使思想以自然和有序的方式进行。另外，可以使用数字顺序，这样会得出更具逻辑的思想。

要做到清晰明白，需要注意以下几点：第一点，每条线上只写一个关键词。因为，每一个单独的词都可能有上千个联想，每条线上只写一个词会给你带来自由的联想。不仅如此，这样做还让图形更加条理清晰，因而也使得整个思维导图干净整齐，有助于理解和记忆。

第二点，中央的线条要画得粗些。根据大部分人的习惯，在进行写作或者记录时，对于重要的或者需要突出的东西，总是会有意识地去加粗，让它更突出。因此，将中央的线条加粗，可以突出中心思想的重要性。

最后，把纸横放在桌前，图形要画得尽量清楚些。因为大部分人的习惯是在左右方向上进行书写，在绘制思维导图时，如果将纸竖着放，在左右方向上，可以用的空间就变小了，而横向放置，在左右方向上可以利用的空间就变大了，更有利于思维的发散。

4. 形成个人风格

突出个性，画出属于自己的思维导图，反映出自己大脑里非同一般的思维模式与思想网络，不仅更容易记忆，而且能凸显成就感。

五、思维导图与概念图、信号教学法

为了更好地认识与理解思维导图，有必要把思维导图和与它非常相似的概念图及纲要信号教学法进行辨析。

在奥苏贝尔看来，学生的学习要有价值，就应该尽可能地使之有意义。诺瓦克博士认为："概念图是用来组织和表征知识的工具。它通常将某一主题的有关概念置于圆圈或方框之中，然后用连线将相关的概念和命题连接，连线上标明两个概念之间的意义关系。"从构图结构看，概念图包括概念、命题、交叉连接和层级结构四个图表特征。构图时一般先罗列所有概念，再把概念进行分层，并确定各概念间的关系，然后用连线或箭头与连接词构成一个个命题，这些命题往往可以交叉相连。因此，概念图一般是呈网状结构。从发挥的作用看，概念图可以构造清晰的知识网络，方便求知者掌握整个知识架构，能够促进知识的迁移，而且有利于直觉思维的形成，通过一幅概念图即可直观快速地把握整个概念体系。而从应用领域看，虽然它在教学中的应用比思维导图要广泛，但是却不方便推广到企业与其他活动领域，概念图从创立到现在都是为了促进教学效果。

与思维导图有着相似性的还有另外一种学习工具，那就是"纲要信号"。"纲要信号"教学法是20世纪50年代末苏联著名教育家沙塔洛夫在自己30年的教学实践基础上为减轻学生负担，提高教学质量而建立起来的一种由图形、数字、符号等"信号"组成的直观性很强的教学辅助工具。沙塔洛夫指出："纲要信号"并不是一种学习提纲，而是以特殊形式绘制出来可供学生思考用的关键性的词汇、符号、图形或其他信号。"纲要信号"可能是对知识的一种压缩，也可能是一种延伸与扩展。而从方法上看，"纲要信号"实质上是在小纸片上用关键词、特殊记号、数字、线条与箭头以及其他"信号"把大块内容的知识进行代码处理，构成简图的形式。通过高度概括化与简化的"纲要信号"，可以简明扼要地把需要重点掌握的知识内容形象地呈现出来，也可以把知识的结构表现出来，帮助学生掌握知识框架，有助于学生对知识的有意义理解与记忆，而且通过"信号"还能发散思维、促进联想等。

而相对于概念图与纲要信号，思维导图更侧重于作为一种思维组织工具，强调思维的发散与想象力的发挥，具有更大的灵活性、交互性与趣味性。作为一种思维工具应用于教学，思维导图并不强调统一性与严密性，而是更加强调其个体性与流畅性。对于同一个问题的思考或同一块知识内容的学习，不同的个体有不同的理解与建构过程。思维导图作为一种将放射性思维具体化的方法，使学习者不受条条框框的制约，充分发挥联想力与想象力，在轻松把握知识结构的同时，更方便知识的迁移。可见，思维导图对信息加工的深度，对个体思考过程的动态呈现，构图中创造程度与用脑程度之高，是传统的纲要信号或现代的概念图都无法比拟的。思维导图不同于纲要信号与概念图局限于学校教学的应用，其用途更加广泛，更多的是应用在公司企业中，还能用于个人决策与家庭决议等。

第二节　思维导图教学模式的理论依据

思维导图吸收了神经生理学、心理学、教育学等领域的成果，为人们的记忆、认知、学习、创造等过程提供了科学有效的方法。基于思维导图的教学模式的理论基础包括四个：脑科学理论、双重编码理论、图式理论、建构主义理论。

一、脑科学理论

20世纪60年代初期，美国心理生物学家斯佩里（Roger Wolcott Sperr）博士通过著名的割裂脑实验，形成了对大脑皮质的调查结果，这是大脑进化最为完整的区域，从而证实了大脑的不对称性，即"左右脑分工理论"。正常人的大脑有左右两个半球，左右两个半球可在瞬间进行信息交流，两半球信息交换和综合的结果产生了人的各种各样的活动。

左半脑主要负责理解、排列、逻辑、判断、推理、分类、时间、语言、书写、记忆、分析、抑制等。左脑的思维方式是连续的、延续的和分析性的，因此左脑可以称作"意识脑""语言脑""学术脑"。右半脑主要负责直觉、空间形象记忆、想象、视知觉、身体协调、灵感、情感、美术、音乐节奏、顿悟等。其思维方式具有无序性、跳跃性、直觉性等。奥思坦教授发现，如果刺激大脑两半球的"未开垦处"，就会激发它积极配合另一半脑的工作，大脑的处理能力和工作效率会激增。研究表明，当其中一个脑半球被激发，另一个脑半球正在发挥优势工作，两者配合工作的时候，整个大脑的工作能力，比起一个脑半球单独工作时，工作效率提高近 10 倍。

思维导图从图形上就和大脑神经元的网络状分布非常相似，从中心开始是联想和新想法的产生，不断扩展分支和向外发散，有助于大脑迅速掌握内容之间的联系，并形成有重点、有层次的结构，还原了大脑本身的思考方式和处理信息的方式。它强调左右大脑的协调合作，不但关注左脑的语言（词汇、符号）、数字、逻辑（顺序、排列、线性、分析、时间、联想），还关注右脑擅长的节奏、色彩、形象、维度、形态，两个脑半球同时被激发，并相互配合工作，从整体上充分调动了大脑的潜能。

（一）脑功能与思维导图

众所周知，人类大脑的重要性无与伦比，是一切思维活动的物质基础，支配着人的一切生命活动。但研究表明，大脑的功能还有相当大一部分没有被开发和利用起来。

大脑功能如此强大，但是为何利用却如此有限呢？研究者不乏其数，但是仍然没有统一的定论。不过人们对大脑的功能特点进行的研究却得出了一些共同的结论：首先，大脑倾向于记忆学习开始（前摄记忆）与结束（后摄记忆）阶段的内容、多方面联系的内容、被强调过更突出的内容、对五官之一特别有吸引力的内容以及特别感兴趣的内容；其次，大脑有一完整倾向，倾向于寻找模式及完整。例如，大多数人在念"1，2，3"的时候，会努力克制加上"4"的冲动。

托尼·博赞的思维导图则正好借鉴了这些研究结论，利用关键词，使用图形与颜色，强调重点，增加视觉感受力，吸引注意力，这些都更加利于大脑的记忆；留有许多发挥空间的目标思维导图也能促进大脑进行思考与完善。因此，思维导图就是大脑功能的自然体现。

（二）神经元与思维导图

神经元又叫神经细胞，是具有细长突起的细胞，由胞体、树突和轴突三部分组成。其中胞体的形态各异、大小不一，有圆形和星形等多种，被无数的树突和一长轴突包围。树突是从胞体周围发出的分支，多而短，呈树枝状，其功能类似于电视的接收天线，负责接受刺激，将神经冲动向胞体进行传导；轴突在每个神经元中只有一根，较长，较粗，在主干上有时还分出许多侧枝，其功能是将神经冲动从胞体传出，到达与它联系的各种细胞。从外形看，神经元有各种不同的形态，按突起数目可分单极、双极和多极细胞；按功能可分内导、外导和中间神经元。其中中间神经元的连接构成了中枢神经系统的脑回路，这正是脑进行信息加工的主要场所。

让人惊奇的是，托尼·博赞创造的思维导图与这样的神经元结构竟有异曲同工之处。导图的中央图像相当于神经元的核心胞体，由中央图像发散的分支就如同神经细胞的树突与轴突，而较粗长的轴突如同导图中的最重要分支，是重点强调部分。此外，神经元之间有大量的胶质细胞，起沟通联系作用，像葡萄架引导着葡萄藤的生长一样，为神经元提供支架、指引线路，这如同导图中支撑关键词或图片的弯曲着的各种线条。人类的整个神经系统就是这样由无数的神经元构成，形如网状。类似地，思维导图则是由多个（甚至无限）的次节点（次主题）、再次节点通过分支线条连接而成，整体看上去也是一种树状或网状结构。

神经细胞具有传递信息的能力，通过细胞间彼此接触的部位（命名为突触）传递信息，进行传导交流，构成极端复杂的信息传递与加工的神经回路。神经回路就是脑内信息处理的基本单位。一般突触越多，神经元之间的连接网络越丰富灵活，人脑信息加工的能力也就越强，而人脑受到的刺激越多，产生的突触连接也会越多。精确的记忆力、敏锐的理解力、活跃的想象力等都是由神经元之间传递信息的能力决定的。形成神经连接的速度越快，思维越敏捷。形成新连接越容易，思想就越能创新。类似地，思维导图中，节点越多，分支越丰富，说明思维越发散，思考越顺畅、灵活，其中的内涵也越丰富。思维导图使用富有吸引力的图形与多种颜色，更能刺激大脑，生成突触连接。因而，使用思维导图工具后，人脑信息加工的能力会更强。

此外，神经元的连接方式，除了一对一的突触间连接外，还有发散式、聚合式与环式等。在发散式连接中，一个神经元的轴突通过末梢分支与许多神经元（胞体或者树突）发生突触联系，这种联系使一个神经元的活动可能引起众多神经元同时兴奋或抑制。这与思维导图中通过代表性的图像或关键词发散思维，通过线条或箭头发挥联想也是很相似的。而聚合式连接是许多神经末梢共同与一个神经元发生突触联系，聚合起来共同决定突触后神经元的状态，这种方式表现了神经兴奋在时空上的整合作用。当绘制好的思维导图作为一种复习总结工具，对所涵盖的内容进行整理与回忆的时候，可以聚合各个次节点及线条上的关键词回归节点与中央图，从而让知识形成体系。最后，在环式连接中，其中一个神经元发出的神经冲动会经过几个中间神经元，然后又返回到原发冲动的神经元，这样能使冲动在这个回路内往返持续一段时间。这就像在分支间互相有联系，从而形成网络状的思维导图，有利于对导图中多个分支均有涉及的知识内容的学习与理解。

(三)"左脑+右脑"学习理论与思维导图

随着脑科学研究的不断深入，人们认识到大脑不仅有左右半球之分，两半球在结构与功能上也存在差异，而且半球间还有不同的分工。从结构上分析，人类右脑略重或大于左脑，但是左半球的灰质部分要比右半球多，各种神经递质的分布，两半球也不均衡。而从功能上分析，正常状态下，左右两半球是协同活动的。进入大脑任何一侧的信息会迅速传达到另一侧，可以做出统一的反应。

研究表明，人类语言功能主要定位在左脑，该半脑还负责阅读、书写、词汇、逻辑推理与数学运算等。而图像、颜色、空间感知能力、欣赏力和情绪等则主要由右脑负责。日本著名学者七田真研究发现，人类的右脑其实天生较左脑发达，具备全然不知的超越常识的非凡能力。据研究，身体右侧的活动能促进左脑开发，而身体左侧活动可促进右脑的开发。但是大多数人都习惯使用右手，且人们的学习习惯是重视语言学习，努力掌握生存所需知识等。这就造成左脑比右脑能得到更多的刺激，产生更多的突触连接。这样不自觉地就促进了左脑的开发，而右脑却被闲置一边，处于"不用则废"的状态。右脑即使退化，但是潜能还在，即便习惯于左脑思考的成人通过努力也可以找回右脑失去的功能。例如，进行图形图像的思维训练，培养空间感知力等。由此，基于右脑长期处于被忽略状态的发现，全世界掀起了"右脑革命"的热潮。

从分工可以看出，右脑的功能非常强大，不可或缺。人类右脑是创新能力的源泉，人类的大部分记忆，都是以图形图像形式存入右脑，形成形象思维，然后具有工具性质的左脑负责把右脑的形象思维转换成语言与符号，这也就是思考的过程。思维导图使用图形图像、曲线、颜色，形成树状或网状结构，发散思维，促进联想，使右脑发挥作用。使用精练的关键词，还可以减轻左脑的负担，使大脑的运转更灵活高效。

二、认知理论

认知理论是 20 世纪 60 年代代替行为主义的 S—R 理论发展起来的一种学习理论，认为学习即改变认知结构的过程。认知结构也可以说是结构化的知识，是思维中的概念相互关系的模式，也是长时记忆中概念之间关系的组织形式。关于认知理论的学说主要有科勒的完形学说、托尔曼的认知—目的学说、皮亚杰的认知—发展学说、布鲁纳的认知—发现学说、奥苏贝尔的有意义学习理论以及加涅的信息加工理论。虽然这些学说内容不尽相同，理论角度或侧重点不一样，但是作为认知理论的学说，它们有着共同点，即都重视认知结构，强调学习个体的主观能动性。

近现代，随着计算机信息技术的快速发展，通过将人脑与计算机进行类比，诸多研究者认为人的认知过程即人脑对信息进行加工与处理的过程。认知心理学的奠基人奈瑟认为："认知就是指转换、简约、加工、存储、提取和使用感觉输入的所有过程。"

加涅认为学习是学生跟环境之间相互作用的过程，这个过程包括由环境中感受器开始的注意刺激阶段，由感觉登记进入短时记忆的信息精细加工，即信息编码阶段，进入长时记忆的信息储存阶段，最后是发生在效应器再作用于环境的信息提取阶段，即回忆与再现长时记忆中信息的过程。可以说，加涅的信息加工模式是当代各种信息加工模式的集大成者，比较完整地反映了有机体内的信息加工过程，能够较贴切地解释人类的许多思维过程。同时，该模式还融合了期望与执行控制在信息加工过程的作用，使信息加工模式不再局限于认知领域的智力因素作用，还结合了人类的情感因素，体现了强调认知策略学习的新趋势。

总之，人类的认知过程就是指信息的输入、编码、储存、提取、输出的加工过程，即认知过程就是信息加工过程，学习就是输入、加工、储存和提取信息的过程。

（一）信息加工过程与思维导图

也许很多人都有过这样的经历：课堂上，老师讲得眉飞色舞、津津有味，而自己却心猿意马、无精打采，下课后，对上课内容一无所知；早餐时间匆忙看完一张报纸，结果也许只记得里面一些精彩的图片或一两个有趣的笑话故事，甚至可能就是几个显眼的词汇。而这些正是注意力不集中、注意有选择性的表现，也即信息是否输入的问题。

注意是指人的心理活动对一定事物的指向和集中。注意贯穿机体的整个心理过程，是一切心理活动的基础，只有先注意到一定的对象，才能进一步进行加工与储存。注意有两个特点，一是指向性，二是集中性。这两个特点是互相联系，互相影响的。注意的基本功能就是选择个体所需的信息，并排除无关刺激的干扰，是机体各种认知活动与进行信息加工的前提，这是信息输入的过程。注意对信息的作用受多种因素的影响，如注意会倾向于选择个体感兴趣的、需要的事物，注意会更容易被刺激性强的事物吸引，包括色彩艳丽的、生动形象的、形态丰富的以及新颖有趣的事物。因此，信息加工过程中，可以根据注意的这些特性来促进有效信息的输入。我们研究的思维导图正是利用颜色、图像、关键词、曲线等要素吸引人们的眼球，所以较单纯的线性文字优势显著。即使人们因为某种需要，把注意力指向并集中于"大块"的线性文字，也会由于有太多的无关信息干扰而不能把注意力集中在核心内容上，导致费时费力。此外，游戏式的思维导图绘制越生动有趣，就越能集中注意力，从而使信息也得到更多的加工机会。

受到注意的外界信息首先是进入感觉登记器，也就是感觉记忆，能够保留 0.252 秒。在此期间，只有得到持续性注意或被赋予了意义的信息才能被保留下来进入短时记忆，其他信息则消失或被过滤。短时记忆中的信息能被保持 5 秒~2 分钟，且容量相当有限，约 5~9 个单位。因此要想使获取的重要信息长久地保留下来，必须通过进一步加工让其进入长时记忆这个信息库，使知识得到表征。长时记忆可以说是一种永久性的存储，容量也没有限度，存储者认知机体过去的所有知识与经验，为所有的心理活动提供必要的知识基础。也就是说，只要进入了长时记忆，信息就得到了保持。

"组块"与增大加工深度是促进信息保持的有效方式。短时记忆的突出特点是容量有限，因此可以将新概念与已知概念进行比较分析，将新知识与已有的知识经验建立联系，甚至把不相关的多种信息努力建立"相关"，组成知识块，从而使信息获得意义。这样就可以通过扩大每个组块的信息容量来增加短时记忆的容量，组块可以提高记忆的容量和效率，这也正是认知理论的各代表人物都如此重视认知结构的原因。此外，认知加工深度也是短时记忆编码的重要影响因素，努力把信息处于"联系"当中，把信息分解或整合，利用信息发散思维，通过联想或想象让信息获得新的意义等，这些方法都能增大加工深度。

加工水平越深，个体对信息的理解则越深刻，从而人脑也就越能记住。然而无论如何扩大组块，也不管信息得到怎样深入的加工，没有复述的过程，还是不能实现信息的长久保存。复述是短时记忆信息进行存储的有效方法，能够防止信息受到无关刺激的干扰而遗忘。然而简单重复的机械复述还不能增强记忆，只有建立了意义联系的精细复述才是从短时记忆进入长时记忆的重要条件。思维导图采用图形结合文字的方式，通过连接与联想使知识内容组合成"块"，实现结构化，而且思维导图的绘制往往是在对知识内容的分析与理解的基础上进行的，这正是记忆中深度加工与复述的过程。

由"组块"可以看出，信息进行储存能帮助存储更多信息，但其最终其实是为了实现提取。通过再认或回忆等形式可以把所需要的资料从长时记忆这个信息库里提取出来使用。再认是当感知过的事物再度出现时能够认识的一种心理过程。有时也会出现错误，当原有信息加工深度不够，或个体情绪紧张时，对熟悉的事物认错或不能再认的现象时有发生。其实再认更多的是依赖于某些线索，线索能够帮助长时记忆进行定位、辨别以及选择材料，使提取更加容易。也许会有"似曾相识，但就是认不出来"的情况，这就是"提取"困难，或叫再认失败。但要是在这个似有似无的情况下再加点提示性的东西，可能立刻就茅塞顿开了，这是"提取线索"的作用。回忆是比再认难度更大的信息提取方式，是对经历过的事物以形象或概念形式再现的过程。通常以联想为基础，可以由新事物联想到旧事物，既实现了提取也能帮助新信息进行存储。同样，回忆也依赖于提取线索。在纷繁复杂的环境下，借助一定的回忆线索，无疑更能提取所需的信息，还能因为相似性或对比性实现知识的迁移，将在一种情境下学习的内容，以某种经过概括或调整的方式运用于另一种情境，从而展现出惊人的创造力。总之，"线索"与"联想"是信息提取的重要因素，思维导图中的图片信息、颜色信息、变化的线条等均可以成为易于使用的有效线索，能够成为联想的"焦点"。提取的线索越多，联想就会越丰富，回忆的信息也就越多。在脑海中"勾画"思维导图中某个图形的时候，与之相关的曾经识记过甚至只是想到过的某个画面，或是字、词、句子等也会随之"蹦"出来，从而实现"多产"的提取。

总之，要把需要的信息"放进"你的大脑，并占有一定的"领域"，或是把信息从你的大脑中"取出"，思维导图是最简单的方法。利用思维导图工具记笔记、总结、整理知识内容与结构体系的时候，就是把信息通过深入细致的加工后"放进"大脑的过程。利用思维工具进行学习，需要学习者对信息内容进行思考，否则无法使用，而通过思考必然能够促进他们的学习和意义的建构。在复习、考试以及其他使用的时候，是把信息从大脑中"取出"的过程，生动活泼的结构，一目了然的知识框架，能使大脑处于兴奋状态，使脑内容物井然有序，进而使信息"取""放"自如。

（二）双重编码理论

美国心理学家帕维奥（Paivio）提出了长时记忆中的"双重编码理论"。在信息的贮存、加工与提取中，既有语言信息加工，又有非语言的信息加工，这两种过程都很重要。这个理论假设有两个符号系统协调控制人的认知行为，它们虽然相互独立但又有密切联系，它们专门负责信息的编码、组织、转换、存储和提取。帕维奥提出长时记忆可分为两个系统：表象系统和语义系统。这两个认知系统既相互独立又相互联系。表象系统以表象代码来储存信息，专门表征和加工非语言的物体和事件。语义系统以语义代码来储存信息，表征和加工言语信息。这两个系统之中，人在视觉表象这方面尤其发达，一系列实验也证实了表象的信息加工具有一定的优势，即大脑在发挥记忆效果和速度的能力上，对于形象材料的处理要好于语义的处理。

认知是通过表象和语义这两个特殊表征系统支持的，它们在表述和加工那些非语言的实物、事件的信息和语言信息上有明显的区别。但表象系统和语义系统的成分是彼此联系的，都在某种情况下对刺激信息进行加工处理，并大大增加了个体长时记忆中的知识与经验存储的数量和质量。因此，双编码是有效和高效思维的重要方面。思维导图既有视觉化的图形表征，又有基于关键词的语言表征，同时激活了表象和语义两个系统，恰好满足了双重编码理论的应用原则，即呈现信息的形式不是单一的，而是同时用视觉和语言的形式，从而可以达到增强信息的回忆与识别的作用。

三、图式理论

"图式"的概念最早在德国哲学家康德的著作中出现，之后瑞士心理学家让·皮亚杰（Jean Piaget）对图式做了深入研究，他的发生认识论认为，图式是一个有组织、可重复的行为模式或心理结构，是个体对世界的知觉、理解和思考的方式，也可以把它看作是心理活动的框架或组织结构，因此图式是一种认知结构的单元，是认知结构的起点和核心，或者说是人类认识事物的基础。

人们在原有图式基础上积极地把新信息同图式表征的旧知识加以联系，通过"同化""顺应""平衡"而由低级的图式逐渐向层次越来越高的图式发展，认知发展的实质就是图式的形成和变化。同化是指学习个体对刺激输入的过滤或改变过程，把它们纳入头脑中原有的图式。顺应是指个体的认知结构受到外部刺激的影响，而原有认知结构无法同化新环境的信息时所引起的认知结构发生重组与改造的过程。平衡是指学习者个体通过同化和顺应的作用使认知结构与周围环境达到一个相对和谐稳定状态的过程。

现代图式理论将信息科学、计算机科学融入心理学研究领域中，成为一种关于知识的理论。即知识如何被表征、知识表征又如何促进对知识的应用，它认为图式是一种知识结构，在环境中通过直接或间接的经验，花费一段时间学会和获得，对反复出现的情况进行概括认识后储存在头脑中。思维导图可以帮助人们将头脑中储存的知识进行整理，形成一个围绕某中心主题的可视化的图式表征。它帮助人们抽取出事物的特点、本质和基本的东西，在原有知识经验基础上建构起新的联系，利用其中概念间的内在联系，可以推测出许多隐含的或未知的信息；或根据主题分支找到目标，积极主动地建构更多信息，从而把新输入的信息同化或顺应形成完善的或重建的认知结构，形成高度组织化的知识网络，更加易于激活。

四、结构主义理论

20世纪20年代—50年代，西方人文学科中兴起了一种方法论思潮，那就是结构主义。结构主义把整个宇宙世界都看成是一种结构及其关系，强调整体意识、部分间的关系及各部分间的可转换性。"结构"是结构主义的核心概念，从拉丁辞源上说，是指"部分构成整体的方式"。这种结构是各种关系的总和，这些关系遵循一定规则和次序而构成有机整体。所谓结构，也叫作一个整体、一个系统、一个集合，通常被认为是万事万物基本的存在形式。但是，并不是一切形式的东西都是结构，而是要让这种普遍性的形式过渡到结构的存在上去，因为结构是更有限制性的、更有确定意义的存在。一堆木头也有一个形式，但是，只有当我们赋予了这些木头以摆放规则和次序，做出某些精致的理论，使其"潜在"运动的体系释放出来，让其成为一座精美的房子，或一架结实的桥梁，这堆木头才能成为一种结构。而且，结构也有"好""坏"之分，依据格式塔学派理论，存在着"好"形式，也有"坏"形式，所以房子并不都是精美的，桥梁也不全是结实的。此外，这种结构还具有客观性。

在构建认知结构的情况下，机体的"体验"只起到一个次要的作用，因为结构主义者认为结构存在于整体运算之中，并不是存在于主体的意识中。因此，对于知识内容的整理与构造，并不是只在脑海中有类似或模糊的知识轮廓就行，而应该力图巧妙而周全地描绘出来，达到目的的同时，往往还能有意想不到的收获。20 世纪 50 年代—60 年代，结构主义作为一种方法得到了传播，并对这种传播过程进行了哲学思考，得出结构主义不是一个统一的流派，而主要是一种方法论的结论。20 世纪 60 年代—70 年代，结构主义方法被广泛地包含于社会政治及文化历史背景中，并出现了批判与自我批判，从而向后结构主义过渡。在人文社会科学研究中，任何一种方法论都不是尽善尽美的，结构主义也是有局限的。但是，作为一种比较成熟的思维方法，结构主义是有很多精华值得我们引用与借鉴的。

在结构主义研究中涌现了许多杰出人士。索绪尔（Saussure）主要研究"语言"与"言语"，他认为"语言就是言语活动减去言语。它是使一个人能够了解和被人了解的全部语言习惯"。于是，结构主义从中获得了宝贵启示，认为结构主义注重的是那种更为抽象的模式，而不是具体的文本内容。而且，他强调语言的同时性结构比语言的历时性结构更值得研究，认为所有时间维度上的、历史的现象与变化，都能用结构的空间性的转换机制来解释。索绪尔的研究为结构主义的形成奠定了基础。法国文化人类学家列维施特劳斯（Claude Levi-Strauss），强调结构人类学理论，继承与发展了索绪尔的语言结构观点，并且正式提出了结构主义这个名称。

结构主义的基本观点主要集中在对"结构"这个概念的理解上，不同的研究者可能会有不同的研究领域和侧重点，但是综合起来却有着共同的特点。他们都认为结构就是一个有若干转换作用的整体性体系，并具有自身调整的性质。可见，这里的结构包含三个基本要素：整体性、转换性与自身调节性。整体性，简言之，就是指内在的连贯性，主要描述组成成分与结构作为整体的关系；转换性，具有动态性，是结构内部的整理加工的过程；而自身调节性，就是结构范围内自给自足的功能特点，具有"封闭性"与"恒定性"。结构主义不是任何哲学派别，也不是什么学说，而是一种方法或方法论，是一种思维方式，能够帮助人们认识世界、了解生命体、探析人类的思想与言行、熟悉人文社会学科的知识体系等。总之，结构主义对世界的影响是广泛而深远的。

托尼·博赞的思维导图是与结构主义大约同时期创建出来的一种思维工具，也是一种方法，并具有与结构主义类似的要素特征，如整体性、灵活性与相对稳定性。思维导图是以中央图像为思考焦点，遵循一定的规则，发散思维或分析知识要点，可以发挥联想力与创造力，但是不会突破中心主题，始终是处于有核心的结构中。因此可以说，思维导图是在结构主义方法论指导下创建出来的。

（一）结构主义的基本要素与思维导图

结构主义者认为，事物本质研究的唯一途径是研究整体，而事物的部分或因子只是事物本质研究的要素。事物整体的各组成部分受一整套内在规律的支配，这套规律决定着整体以及各部分的性质与功能。单独的部分也有自身的意义与功能，有着自身的确定性，但这种意义通过参照"整体"才能表现出来。因为部分的所有，都归属于整体，也就是说，脱离了整体，任何部分也就无任何意义可言。同时，整体是由部分组成的，其性质与功能也要依赖部分，失去了各部分，整体也就成了无稽之谈。但整体并不是各部分的机械相加之和，而是各部分的结构与功能协调统一才使整体有了意义。举例说，人是由脑、心脏、眼、耳、手等不同部分构成的，但这种构成绝不是各部分聚集性地简单相加，而是按照各部分的性质与功能，遵循一定的规律与次序，才得以构成一个富有生命力的特殊的整体。同时，也正是因整体性的生命，人体大脑、心脏、眼、耳等"部分"才有意义。因此，整体与部分是互相影响、互相制约的。但是前者在层次与功能上都要高于后者。此外，整体与部分还可以互换，此处的部分可能是更低层次结构的整体，此处的整体也可能是彼处的部分。人作为一个整体，同时又属于宇宙万物的一个部分，很小的一部分，人只是历史发展上的各种事物的次序中的某个裂口，相当于"我们知识里的一个简单的褶皱"。但是这个"裂口"与"褶皱"是从一个非常大、组织得很好的结构中产生的，而这个结构就是由整个生命界所构成的。

结构主义认为：作为一个整体的对象是由各种成分组成的，这些成分之间关系的总和就是结构。结构其实就是一个包含着各种关系的总和，而这些关系里的元素是可以变化的，只是这种变化须依赖于整体结构。各部分元素的变化及部分之间发生"关系"是要遵循特定的规则和秩序的，其中任何一项关系的变化均会引起其他关系项的变化，从而不可避免地影响整体的变化。可以说，结构的整体性是最重要的，但这种整体却因部分与部分之间纵横交错的各种关系才能实现其意义与功能。

理论与实践只有建立了联系，才能实现指导功能。知识内容本身毫无意义，需要处于"关系"中才能实现价值，教师的"教"如果没有学生的"学"也是毫无价值的，象棋规则是在每盘比赛中的各棋子间的相互关系中才取得具体的形式的。可见，这个世界是个充满"关系"的集合体。事物的真正本质并不在于事物本身，而是我们在各事物之间的构造，然后又在它们之间感觉到的那种关系。

思维导图正是在这种"整体"与"关系"中建构起来的思维工具。"全景图"似的结构让知识内容、思维脉络清晰呈现，一览无余。起"骨架"作用的线条与起引导作用的箭头和数字使整幅导图浑然一体、"乱"中有序。

（二）结构主义的转换性与思维导图

结构是处于"关系"中的，这些"关系"会随着需要遵循规律与秩序而变化。因此，结构不会是静态的，而是具备转换性质。支配结构的规律也是可活动的，从而使结构能起构成作用。因此，为了不处于被动的水平，结构应该具备一些转换程序，再借助这些程序整理加工新的资料。例如，音符作为一种基本结构，能够把各种各样的音调转化为形形色色的新音乐，同时，又把这些音乐保留在它的特定结构中，就像语言与话语的转化。皮亚杰说："没有例外，所有认识到的结构都是转换的系统。"结构总是依法则而进行转换的，这种转换以变化为根本特性。结构主义认为，所有时间维度上的、历史性的形象与变化，都能够用结构的转换机制来解释。

结构主义倡导的转换实质是强调部分与部分、部分与整体之间变化的动态性。部分及部分间的关系按照某些特定规律实现转换，能使整体提高性能，整体的价值得到更加充分的体现。而且，从前文可以看出，整体与部分在一定条件与环境下也是可以转换的。某个整体中的部分，可能会借助转换的程序，不断整理与加工新的资料，其内涵与外延均能得到加工与扩展。于是，对于那些比它更低级层次的组成成分而言，它就成了整体。这正如列维施特劳斯所阐述的内容与形式的可转换关系，他认为任何事物都不存在绝对意义上内容与形式，现实世界也跟科学原理一样。任何形式，对于包含这个形式的更高级的形式来说，就是内容；任何内容，对于这个内容所包含的那些内容而言，就是形式。这种转换在思维导图中也得到了体现，一幅完整的思维导图，自成结构，在一定的条件与环境下，也可能成为另一幅范围更广、结构更大的思维导图的某个分支。

（三）结构主义的自身调节性与思维导图

结构是自我调节的。结构的发展可以借助于有效的转换程序，且不向自身以外求援。

结构的自我调节，在本质上也是整体与部分之间的关系，表现为"维护性"与"封闭性"。整体功能的发挥与发展，需要各个部分的有机结合。在结合过程中各个部分会始终维护整体的"生命"，从这个意义上看，整体是具有"恒定性"的。任何一个结构所固有的转换规律，及其所具有的"维护性"都不会超出结构的边界之外，而只会产生始终属于这个结构的成分。这样，结构把自身封闭了起来。而结构主义者认为，这种"封闭性"只是为更高层次的扩展与丰富做准备，并不是一种终结形式。而且，这种封闭也是相对的，任何一个成熟的结构都有可能以子结构的名义加入到更广泛的结构里。于是，这个结构的总边界发生了变化，但是并未取消原先的边界，这只是一种联盟的现象，不是归并现象。这就如同一颗果实，由果皮、果肉与核等构成一个完整的结构，但是把这颗果实再放回果树上去就又成了果树这种大结构的一个子结构，但是果实还是果实，还是由果皮等构成。结构主义者施特劳斯对结构所下的定义是："结构就是要素和要素间关系的总和，这种关系在一系列的变形过程中能保持着不变的特性。"因此，结构是在被"维护"中处于"稳定"的。

皮亚杰在综合了结构主义者们的研究基础上，认为"结构就是由具有整体性的若干转换规律组成的一个有自身调整性质的图式体系"。概念中包含了结构的三要素，此外，还加上了一个概念，即"图式"。皮亚杰认为"图式是个体对世界的知觉、理解和思考的方式"，图式具有整体性与转换性质，能进行自我调整实现"平衡"。平衡其实是结构自我调整后达到"恒定"的状态，是同化成功后，新信息融于已有结构后出现的新稳定状态，也是同化失败后，原有结构通过改变自身来适应新信息实现同化后出现的新的稳定状态。可见，平衡其实也是图式的暂时"封闭"过程，受到新信息刺激后得到"开放"，经过调整后又恢复"封闭"状态，这样周而复始地进行自我调节，贯穿于整个认知发展过程。

同理，一幅绘制好（达到平衡）的思维导图，隔一段时间观看，又会有新的想法与创意；或者学习了新的知识点，又会增加新的信息。这种情况下，就需要打破原有的"封闭"状态，给思维导图添枝加叶，但是中心主题并没有改变，这是在主题内的自我调整，重新实现平衡后只是使原来的结构范围得到了扩展。纵使在一定条件下，这种新平衡结构成为某个范围更大的思维导图的分支部分，但是正如前文所述，其原有的"边界"与中心主题并没有改变。因此可以说，思维导图也是自我调节的，与图式理论是相契合的。此外，作为学习与思维领域的概念，图式理论还批评了传统线性模式，因为这是与思维工作原理相违背的。图式理论主张使用色彩、图像、曲线、形态、维度与联想等因素构成的具有"动态"性质的图形化知识模块，代替静态的、单一枯燥的文字信息。如果用图的方式思考，更能从整体上把握事物，用视觉化的方式学习更有利于厘清事物间的相互关系。这正是思维导图所能实现的。

五、建构主义理论

建构主义最早的提出者应该是皮亚杰，源于他对儿童认知发展的研究。随后维果茨基的"文化—历史"发展理论等思想都成了建构主义发展的重要基础。建构主义关于学习的基本观点是：学习者在一定的情境下借助其他人的帮助，即在社会文化生活的背景下，通过人际间的沟通协作活动，同时利用合适的信息和资料，通过意义建构的方式主动地获得知识。

因此，"情境""协作""会话"和"意义建构"是整个学习环境的四大要素或四大属性。"情境"是教师为学生创设的与真实生活状态和经验相似的情境，使学生产生学习的需求。"协作"既强调师生协作、生生协作，还包括自我反馈和评价等自我协商，它贯穿于学习过程始终。"会话"是协作活动中的基本环节，它要求每个成员为群体做出贡献，又促使每个学习者自己学习活动的进行。"意义建构"是学习过程的最终目标，即学生主动地建构意义，这之中需要教师帮助，从而达到对事物的性质、规律和内在联系有较为深刻的体会和理解，形成大脑中长期存储的认知结构。

（一）思维导图的使用与建构主义学习理论的内在契合

1. 关于学习的含义

建构主义者认为，个体的学习是围绕一定的情境即社会文化背景展开的，是通过人与人之间的协作活动及影响而形成的意义建构过程。情境、协作、会话和意义建构是学习环境中的四大要素。思维导图在运用过程中可以为学生提供包含这四大要素的学习环境。

首先，"情境"的创设应有利于学生对所学内容的理解，并与学习的课程主题有关。而把思维导图应用于教学中，恰好为学生提供了感兴趣的问题情境。

其次，"协作"指的是在学习过程中，学生小组之间为达成一致的学习结论而进行交流协商的过程。在这一过程中，可以利用思维导图，把学生分成若干小组进行讨论，激励每个学生思考解决问题的新思路。

再次，"会话"包含于协作过程，通过会话，各个学习小组之间可以交流每个学习者的学习成果，并实现师生之间的双向协作。

最后，"意义建构"是教学过程的最终目标。教师要在开放的学习环境中帮助学生进行意义建构，即引导学生较深刻地理解当前所学内容所反映事物的性质、规律以及事物之间的内在联系。在利用思维导图进行学习时，学生的先前经验是利用思维导图进行学习的基础，以此为基础，学生可以进行个人思维的发散，在自己的大脑中回忆并提取相关资料，把新旧知识联系起来并加以思考，通过同化机制或顺应机制，最终实现对新知识的意义建构。

2. 关于学习的方法

有关学习方法，建构主义强调个体的主动性在学习中的重要作用，主张以学生为学习主体的学习。而利用思维导图辅助教学，可以让学生的主动性得到充分的发挥。一般而言，在学生能够自主地创作思维导图之前，教师需要提供一些思维导图实例供学生模仿；而在学生可以自主地绘制思维导图之后，教师需要给予学生有针对性的指导，以防止学生在学习过程中偏离学习主题。这样，在某一知识点的整个学习过程中，学生始终处于主体地位，拥有自由的想象空间，可以自由地表述自己的思考过程，而教师只是这一过程的引导者，从而充分体现了以学生为中心的建构主义理论观。

(二) 建构主义视角下的思维导图在教学中的应用

1. 学习计划的制订

建构主义理论视野下，学习者要主动地运用已有知识经验、新知识、新信息进行意义建构，也就是说学习者要主动地对外部信息进行选择和加工。

因此，在学习中，可让学生自己制订学习计划。在课程学习之前，结合教师的教学计划安排自己的学习内容与学习时间，制订出脉络清晰的个人计划。

2. 多维记忆学习笔记的制作

建构主义者认为，知识并不是对现实的准确反映，而是学习方式对事物建构的一种解释。因此，可让学生根据自己的实际情况进行多维学习笔记的制作。

学习笔记是帮助学生记录学习内容和学习问题的一种有用的笔记。用思维导图进行学习笔记的制作时，首先应画出与笔记的中心主题相应的中心图像，然后以这个中心图像为中心画一系列连线，在连线上分别绘制出其他关键主题，并将这些主题逐次分解，最终可建立一个多维的、色彩丰富的、带笔记的思维导图。

3. 知识框架的构建

建构主义理论观认为，学习是学生在原有经验和知识的基础上，通过新旧知识和经验的相互作用，获得对事物新的理解，从而以个体独特的方式建构自己的知识。因此，当学完某一知识后可让学生把相关知识组织成一个系统的知识框架，这将有助于学习者系统地储存收集到的资料并进行快速的吸收。

思维导图利用发散思维的特点，把注意的焦点放在中央图形上，其他知识点作为节点围绕中央图形向外发散，再把中央图形及相关节点图形通过线条连接起来，从而形成发散的结构，即知识网，学习者在学习过程中可根据自己的实际情况对这种知识网进行调整和改变。

4. 自主学习能力的培养

主体是建构主义学习理论的应有之意，这对学生的自主学习能力提出了较高的要求。思维导图可以把学生和思考过程可视化，为学生创设多样的、合适的学习情境，方便学生之间进行协作、协商和知识共享，提高学生的元认知能力，也可以提升学生的综合思维能力，使学生在不断进行"意义建构"的过程中真正成为能够进行自我指导和自主学习的学习者。

建构主义既强调学习者是学习的认知主体，又不忽视教师作为指导者的作用。因此，学生要成为意义的主动建构者，必须能够主动对问题提出假设和加以验证，搜寻和分析相关的信息资料，把当前所学内容与已知的知识经验相联系，并对这种联系加以认真思考，最好能与其他学习者进行协作学习，一起交流和讨论，从而达成深层次的意义建构。在基于思维导图的教学模式下，教师使用学生喜欢的图形和色彩，激发学生的学习兴趣，并且用思维导图工具提示新旧知识间联系的线索，使学生明确新知识在原有知识基础上的发展过程和延伸脉络，帮助学生建构所学内容的意义。同时，思维导图能有效辅助学生进行协作学习，在批判性思维和小组协商的过程中，通过共享每个人的思维成果，寻求解决策略，纠正和补充不完善的认识，从而发现规律，完成意义建构，在此过程中教师能够通过小组制图的情况，更明确地监控学生的协作过程，及时将问题讨论引导至正确的、深入的方向上，从而有效地发挥教师的作用。

第三节　思维导图教学模式的操作程序

随着课程内容改革的不断深化，生物技术的教学要求也在不断调整，这就要求教师的教学方法也要随之不断地改变。对学生的培养，要求知识、实践、思维、能力全面发展，掌握生物技术的基础知识，掌握实验操作技能，能够运用生物知识解决实际问题。

思维导图对于生物技术这门学科，在培养学习兴趣、形成知识框架、提高应用能力等方面，都产生了较大影响，在实验教学和辅助课堂教学方面发挥着重要作用。因此，有必要重视思维导图在生物技术实践性教学中的应用，提高教师对思维导图在辅助教学中的作用的认识，加强教师计算机技术培训，探索适应生物技术教学的全新方法，发挥思维导图在生物技术实践性教学中的作用，通过改变教师的教学方法，达到改变学生的学习方法的目的。

一、思维导图教学模式的教学目标及实现条件

（一）教学目标

教学目标是师生通过教学活动预期达到的结果或标准，是对学习者通过教学将能做什么的一种明确的、具体的表述。20 世纪 50 年代，美国心理学家布卢姆等人将教育目标分为"认知""情感"和"动作技能"三个领域，每一领域内又细分为具有阶梯关系的若干层次，每一层次规定了具体目标。

之后，加涅提出了学习结果分类理论，他提出五种学习结果，分别为"态度""动作技能""言语信息""智力技能"和"认知策略"，每一类结果又分为几个种类。

这两种分类系统是西方教育心理学界指导教学目标设计的非常有价值的学说。

1. 知识目标

知识目标指结构化的知识体系。学生要掌握的知识包括学科知识和社会生活中蕴含的知识，包括一些概念、原理、性质、规律、属性、结构、事件、现象等。由于教师往往按照教材章节和教学计划来实施课程，因而学生头脑中形成的知识也往往是零散的、割裂的，甚至对于越早先学习的知识遗忘得越快。运用思维导图教学时，学生可以跟随教师体验知识产生、发展、延伸的过程。通过对新信息的同化和顺应不断更新自己的知识结构，在头脑中形成结构化的、清晰的知识网络，并且能以直观的方式将这个知识网络绘制出来，从而加深对知识的理解和记忆，在需要时也能快速提取和运用。

2. 能力目标

能力目标指解决问题的思维能力。思维产生的根本原因是问题，其运作要基于知识，但最终目的并不止步于知识，而在于解决这些问题，思维因为问题得以解决而持续不断深入地发展。学生在理解问题并形成问题表征后，首先要在长时记忆中快速搜索相关信息，对它们进行比较、分析、概括、归纳、综合等方式的加工，然后根据已有经验和推理选择合适的方法，在实际中加以实施和验证。

运用思维导图来解决问题，一方面提供了大量围绕问题的知识、程序、方法、策略上的线索，学生能排除无关信息，只集中注意力在有用的信息上，然后发挥大脑放射性思考

的本能，通过发散思维多方寻求解决问题的方法。在验证阶段随时对问题进展进行客观的分析和评价，或是问题得到解决，或是改变策略重新执行，思维导图都能保证思路不走偏，始终沿着有序的方向行进。另一方面，在问题成功解决后，学生可以方便地回顾整个解决过程的思维走向，从而使思维活动得到巩固和加强，进而积累解决问题的方法经验。

3. 方法目标

方法目标指协作学习的学习方式。当代的教育必须重视和培养的就是学生的合作精神。人际交往的重要性不言而喻，合作学习不仅是学生间交流知识的过程，更是沟通情感的过程。在基于思维导图的教学中，学生通过小组合作构图的形式，展开协作学习或解决问题。每个人都能清楚地表达自己的观点，为集体贡献智慧，从不同角度思考问题，对他人的观点形成客观合理的判断。每一次的讨论和启发都会将思维扩展到一个新的领域，并且思维导图可以引导成员的讨论不偏离主题，促成一个知识不断生成、不断创新的过程，从而使学生养成与人交流想法、分享成果的习惯，不仅能对学习内容理解得更加深刻，在此过程中也能形成相互尊重的良好人际关系。

4. 情感态度目标

情感态度目标指积极的学习热情和学习态度。学习兴趣是推动人们求知的内在力量，有效的教学是要学生带着积极愉快的心情投入到学习中，或伴随着成功的喜悦，或伴随着发现的惊奇。同时，情感成分又是态度的核心，学习态度在很大程度上影响学生的学习行为、学习效果、忍耐性等。

运用思维导图进行教学和学习，学生通过丰富的色彩和多变的形状发挥出独特的制作创意，将记大量笔记的时间用于对图形的关键词进行深加工；或者与其他人在交流的过程中互教互学，从而培养起学习的兴趣和热情，积极地参与学习活动，引发好奇心和求知欲。学生感受到学习的乐趣，会自觉端正学习态度，养成勤于思考的学习习惯，受到挫折时能客观分析失败的原因，表现出强大的学习自信和意志。

（二）实现条件

这是促使教学模式发挥效力，达到教学目标所需要的各种条件，它涉及教学过程中的每一个要素。基于思维导图的教学模式的实现条件，我们将从教师、学生、教学工具3个方面进行说明。

1. 教师

教师是学生学习的促进者和合作者。基于思维导图的教学模式中，教师要从知识传授者这一角色定位中解脱出来，教学是学生"要什么"而不是自己"有什么"，思考学生会"怎么学"而不是自己会"怎么教"。因此，教师要通过激励、启发、引导来调动学生的学习兴趣和积极性，保证学生在学习活动中的参与度。在把握学生已有经验的前提下，通过思维导图揭示新旧知识间的联系和思维发散的路径，努力帮助他们建构所学知识的意义，发展学生的知识水平和能力水平。教师要参与到学生的合作活动中，适时根据学生的反馈给予他们进一步的指导，必要时通过示范、解释、选择等方式提供合适的信息资源和策略；在与学生共同探讨问题时倾听他们的意见，观察他们的作品，以此来引导他们重新审视并调整自己的理解；教师要成为学生学习过程中的高级伙伴，使教与学的过程成为师生进行良好互动、教学相长的过程。

2. 学生

学生是学习的主体和意义建构者。学生不是被动的信息接收者，而是主动地对外部信息进行选择和加工的主体。学生在以往的学习和生活中已形成了丰富的经验，他们要在原有知识基础上，亲身体验新旧知识间双向的相互作用的过程；引发观念的转变和结构的重组，通过个性化的绘制将其头脑中的知识结构和思维过程用图示表现出来，进一步深化知识的理解和意义建构。

在思维导图的支持下每个人积极主动地进行发散和联想，使自己的知识和思维策略外显化和精细化。在沟通和协商的过程中实现知识、技能、方法的共享，寻求多种解决途径。通过个人和小组的评价和反思来整合观点、改进思想，对问题形成多角度的、更丰富的理解。因而，这样的学习过程是要求学生始终在思维参与和行为参与的情况下发生的。

3. 教学工具

思维导图是支持教学和学习的工具。基于思维导图的教学模式的显著特点就是运用了思维导图这一工具，有效地辅助教与学的过程。这种教学模式要求课堂是用信息技术营造的新型教学环境，基本配置包括教师和学生计算机、投影仪、投影幕或交互式电子白板、互联网、思维导图绘制软件。如果是没有学生机的课堂环境，那么需要准备学生使用的纸笔材料以及实物展台。思维导图需要能方便地制作、修改、资源支持、静态或动态展示、链接、分享。对于教师，思维导图能帮助他们制订教学计划、组织教学内容和框架、评价学生的学习过程和结果、有针对性地指导学生、促进教学反思和改进等等；对于学生，思维导图让他们投入到认知活动和合作活动中，帮助理解和记忆知识内容、进行思维创造和头脑风暴、组织并表达自己的想法、调整和优化知识结构、呈现集体成果等。

二、思维导图教学模式的操作模型

在教学过程中，由于采用的教学媒体、教学方法不同，形成了不同的过程模型。教学活动设计是教学过程的重要组成部分，它是教师为了达到教与学的目标，在教学过程中采用的方法和手段。教学活动设计包括：具体的活动步骤，采用的教学组织形式和教学媒体。不同的教学活动设计产生了不同的教学过程模型。教学过程模型是用来指导教学实践的蓝图，模型的完善也通过教学实践来实现。

思维导图教学可以培养学生的创新思维。然而，如何才能提高学生的创新思维能力，决定条件之一就是要看教师设计的教学过程模型是否适用于学生创新思维的培养。思维导图教学的过程模型主要有两种：个人思维导图的教学过程模型和集体思维导图的教学过程模型。

（一）学生个人思维导图教学过程模型

在学生个人思维导图教学过程中，学生按照教师要求独立完成思维导图构图任务，这种教学过程组织形式主要是集体教学和个别化教学，使用的教学媒体包括计算机、投影仪、黑板、实物投影仪等。

在这个模型中教学活动包括两大部分，即教师活动和学生活动。教师在教学过程中的主要工作是明确教学目标和内容，并提供给学生学习资料（越丰富越好），布置画思维导图任务，详细阐述任务的内容，监督完成的情况，给完成任务困难的同学学习指导，评价学生任务完成情况。学生是该教学过程的主体，他们按照教师的任务要求分五步完成任务，并根据教师提供的评价指标对自己的任务完成情况进行自评。学生在完成任务的过程中与教师不断地进行交互，获得支持。

该教学过程的评价主要由学生个人完成，可将学生的作品放入成绩档案袋，利用评价指标自评为主。

（二）集体思维导图教学过程模型

在这个模型中，包括教师活动和小组活动两个部分。

教师活动包括：提出任务，明确目标，划分小组，对小组活动进行监督、指导、评价，提出任务和明确目标。教师在教学活动开始前，把教学内容和目标告知学生，并对任务进行详细的描述。然后，根据一定的规则划分小组。为了保证每个小组成员都能很好地参与任务，小组成员不能太多，建议 5 人左右。

在小组教学时,教师扮演的角色是监督者、指导者和评价者。教师要求小组在规定时间内完成任务,并监督任务进展情况,在小组执行任务遇到困难时,提供解决方法,注意教师不能帮助他们完成,教师只能提供解决方法,完成任务还是要靠每个小组成员。当任务完成后,教师提供教学评价标准,并提供展示场所,让每个小组的作品都能够在全班展示。

三、基于思维导图的教学模式建构

(一) 教学模式的来源

教学模式是沟通教学理论与教学实践的中介,一般有两个来源。一是演绎法,即源自对教学理论的推演。通过对教学理论的系统研究,提出教学模式假设,而后在实践中进行可行性验证,再根据验证结果对模式进行修正与完善。二是归纳法,即源自对教学实践的归纳。对教学实践中教学系统要素与过程结构等进行总结,然后就归纳出的教学模式用教学理论进行分析与证明,再根据分析结果对模式进行调整与完善。本教学模式正是采用演绎法进行建构的。在掌握教学与学习规律的基础上,通过对当前教学现状的分析,及对思维导图的研究,首先构建出教学模式,再通过实证研究验证其可行性。

(二) 教学的需求

现今,我们的教学不再以基础知识与基本技能的熟练掌握为目标,而是把课程目标分为三个维度:知识与技能、过程与方法、情感态度与价值观。因此,教师的任务不再只是传授知识,而更重要的是要教会学生学习的能力,激发学生的学习兴趣,关注学生的学习体验等。知识经济的时代,不仅仅要求学生具有广博的知识,良好的创新精神与创造能力,还要激发与保持学习动力与求知兴趣。教学应该是教师在轻松愉悦的环境中让学生学会,然后让学生会学,最后让学生乐学的过程。而本模式正是出于这些考虑,巧妙地把思维导图这一相对新颖有趣的思维工具与教学进行融合,从教师教案的编写与教学过程的编排一直到教学结束与教学评价,思维导图贯穿始终。

图文并茂的思维导图不仅是一种知识可视化的思维工具,还是一种将人脑放射性思考具体化的方法,整合到教学中,不仅能有效激发学生的学习兴趣,更能使学生发散思维,促进创造性思考,同时又能促进师生交流,教师灵活发挥,教师思维能力发展。总之,基于思维导图建构一套有效的教学模式是应时代与发展的需求而产生的。

（三）教学环境

基于思维导图建构的教学模式需要依赖一些教学工具。在传统教学中需要彩色粉笔与足够大的黑板，以供教师课堂绘制思维导图进行教学，或者准备一些思维导图挂图与幻灯片；在多媒体教学中，需要计算机与思维导图软件，也可加上粉笔与黑板进行辅助。

目前的多媒体教学中，教师都能熟练使用计算机。从国外引进并汉化的多款思维导图软件如 MindMapper、MindManager 等，简单方便，功能多且易学易用，教师在技术操作上并无障碍。学生须备彩色笔若干支，白纸若干张，以备自己手绘思维导图。最后，教师与学生都需要准备的就是清醒的大脑与丰富的想象力，以及愉悦放松的心情。

（四）教学模式的详细步骤

1. 教学目标分析

教学活动开始之前，教师要对整门课程及各教学单元甚至具体到每节课进行目标分析，即要预设出这门课程的作用，学生能从这个单元中获得什么，学生从这节课中能学到什么。

因此，教师在分析教学目标时应从这三个维度进行考虑。通过学习，学生需要掌握哪些基本知识与基本理念，能培养什么样的学习能力以及能学会哪些基本技能，应该创设怎样的有效情境，让学生在学习中体会到"实践"与"亲历"过程，获得学习的方法而不只是教师传授的基本知识与技能。最后要使学生在学习中获得相关情感体验，激发学习兴趣与学习动机等。总之，要使学生通过学习实现"学会""会学""乐学"。

2. 教材分析

首先通读教材，对教材的体系结构、文字内容、语言表达及地位作用等进行整体分析，然后对教材的具体内容进行分类与整理，分析重点与难点，明确知识块的具体教学方式及所需用的时间，如哪些内容适合传授教学，哪类内容应该进行协作学习及哪些内容应该重点讲解等。此外，还应该结合教学环境与资源等因素进行分析。在分析与整理教材的基础上，撰写教案。用思维导图撰写教案更方便简单，应用更加灵活，更有弹性。

3. 教学对象分析

教学对象分析即学习者特征分析，是了解学习者的年龄特点、性别比例等，明确学习者的基础知识、认知能力与认知结构等的过程。一切教学活动都应该以学生的学为中心，学有所获才是教学活动的最终目标。受家庭背景与学习条件等因素的影响，作为学习活动主体的学习者会有个体差异，在学习过程中会有自身独特的学习风格，认知能力与原有认知结构也不同。这些差异必然会影响学习者对新知识的加工与处理，进而影响教学效果。因此，对学习者特征进行分析是教学成功的关键因素。

4. 课前准备

课前，教师与学生都需要有相关准备。教师一般须准备教学用具，正确选择教学媒体。媒体选择有三大重要考虑因素：教学任务特点、学生特点、媒体的特性。教师课前应该仔细分析这三大因素，适当契合，使教学发挥最佳效果。学生课前要做好新课预习，备好课本与自己的学习用品，准备手绘思维导图的纸与笔等。此外，教师与学生都需要调整心态，以热情饱满的情绪投入到教与学中。

5. 教学过程

（1）思维导图式启动

导入新课前，或者利用绘制好的思维导图（如挂图或计算机绘制好的作品）对上节课的相关内容进行简单回顾，形成概览；或者课堂上教师与学生重新绘制相关思维导图，进行重点讨论，并适当延伸与扩展，目的是启动认知结构，既巩固图式结构，又有利于吸收新信息。由前文的理论基础分析可知，学习是在原有认知结构的基础上进行的。教师行动的第一步就是使学生复习对当前学习必备的已掌握的那些知识和能力，"然后以此为前提进行教学"。结构主义心理学家认为，人对于客观事物的认识并不是如桑代克的"试误"过程，而应该是主观上有一定的"认识结构"，并以同化、顺应与平衡等方式表现出来的。学习者对于一件新生事物，总是会试图用原有的图式去同化或顺应它，以达到认识上的平衡。加涅也认为，学习任何一种新的知识与技能，都是以从属于他们的或已经习得的知识技能为基础的。由此可见，图式的成功启动是至关重要的。根据旧图式启动的难度及与须建立的新图式之间的联系密切性，可选择简单回顾，也可重点讨论，进行小组协作学习或者创设问题情境。

协作学习是在学生自主探究学习的基础上，分成学习小组，通过小组讨论、协商和角色扮演等策略，有利于形成头脑风暴，然后进一步完善和深化对知识的意义建构。在协作学习中，整个过程应该以学生活动为主，教师只起组织引导作用。通过教师的引导及鉴于思维导图本身激发人脑发散思维的特点，这种协作与讨论会使各种各样的"新想法"源源不断地冒出来，尽管可能其中许多思想并"不生辉"，但是这里的"不生辉"并不是"毫无价值"的东西，而很可能恰恰是灵魂深处的"瑰宝"。利用思维导图的协作学习一般有如下流程：分组—讨论—绘制小组思维导图—组间交流—修正小组思维导图—组间二次交流—构建集体思维导图。

此外，也可根据需要进行情境教学，利用思维导图创设问题情境，引导学生主动建构知识。正如人们所说，提出正确的问题则是思考最重要的部分。问题可以分为两类：一类是射击式的提问，用来检查各想法的正误；另一类是钓鱼式的提问。而思维导图的中央图像或各分支上的图形图像与关键词等则好似"鱼饵"，面对这样的"鱼饵"，谁都不知道对方甚至自己会有些什么想法"蹦"出来。

学习者在一定的问题情境中，经历了对学习材料的切身体验与发展过程，这才是对学习者最有价值的东西。好的情境可以使学生快速进入学习氛围，稳固建构知识。在创设情境时，须注意情境要与教学内容相关，要提出好的问题，能有效促进学习，切忌基于情境而"情境"，脱离教学目标。同时，还要使情境力图贴近学生的生活与学习经验。

（2）思维导图式导入（新图式导入）

开始导入新课，根据联系的紧密度，可在刚刚启动的旧图式上进行扩展与延伸，让新内容作为新"主干"或新"枝叶"添加到已绘制的思维导图上；也可由教师在黑板上另外绘制一个中央图像（或用计算机呈现），即新课的中心主题，吸引学生注意力。在前面启动的基础上，进行思考，引导发散思维与联想，形成认知冲突与学习动机；还可以让学生自己通过阅读分析材料，得出所学内容的主旨，并绘制出来。根据需要，这一步骤也可进行小组协作学习与创设问题情境。

（3）思维导图基本"骨架"形成（新图式构建）

在导入的基础上，添加主要分支，形成基本"骨架"。这一步骤是了解知识基本结构，建构新课内容整体框架体系的过程。布鲁纳认为，任何学科都会有一个基本结构，即内在的规律性。我们的教学，就是"不论选教什么学科，务必使学生理解该学科的基本结构"。而且，按照布鲁纳的观点，教师仅仅单纯地传递教材结构是远远不够的，更重要的应该是努力培养学生具有学习和探究的态度。因此，教师要善于引导学生，要"尽可能保留一些令人兴奋的观念的系列，引导学生自己去发现"。学习者通过理解、探究与讨论等形式找出学习的重点与难点，确定一些主要概念等，力图从整体上把握学习内容的基本结构。如在语文学习中对文章段落的划分及各段大意的概括，在学习英语时对某些语法句法的发现与认识等。最后，把师生合作建构的思维导图"骨架"与学生自己预习的结果进行对照，形成第一次修正与重构，进一步刺激学习者的认知需求与求知欲望。

（4）思维导图完善（新图式完善）

按照一定的顺序，在第三步的基础上完善每个分支，进行垂直思考，给"骨架式"的思维导图"充血加肉"，从而赋予其生命。加涅认为，教学的实质就是以交流为最突出特征的一系列事件，教师应该尽可能多地与学生进行有意义的交流与合作，实现教学相长。当然，教师还是只起指导与启发作用，可以帮助学生厘清新知识脉络，可以指导学生找出二级、三级主题，也可以引导学生去发现知识的"奥秘"。

我们这里说的"发现"其实也就是布鲁纳所提倡的"发现"，是指学习者凭自己的力量做出的发现，而不是真的沿着科学的原发现过程进行的，是学生在教师的帮助下主动探求未知世界的过程。这种过程作用显著，一是可以使学生对新知识进行更加深刻的加工，从而建构起更容易记忆与迁移的认知结构；二是有效的"发现"能够增强学习者的成就感与动力感，激发他们的求知欲望与学习兴趣。根据需要，这一步骤也可以进行小组协作学习或设置情境教学，对于学习的重点与难点注意教学的方法与构图的技巧，如利用合适的图片与符号等增加"线索"让"提取"更方便容易，如使重点、难点内容囊括更多的思考痕迹，在思维导图中处于醒目突出的位置等。至此，新图式已经形成，新信息经过积极加工，要么通过与旧图式的"同化"组合成更大的"组块"，要么通过"顺应"形成一个新结构，并且还能与原有知识建立一定的联系。

（5）思维导图作业

教师要求学生课后完善自己绘制的思维导图，并具有个人的独特风格，而不是纯粹地模仿上课内容，或者只是像记住课本知识那样记住课堂上完成的或由教师直接呈现的思维导图，这样导致的结果是会妨碍学习者对所学的知识进行有意义的思考。要知道，由教师提供的或不包含自己思维过程的思维导图并不能提高学习者对知识与概念的掌握。虽然，教师从建构所教授知识的思维导图中受益匪浅，但是对于学习者来说，自己建构更为重要。学习者在这一步完成对自己思维导图的第二次修正与重构。

需要注意的是，教师完全没有必要给学习者展示"思维导图的正确结构与绘制"，因为这并没有绝对正确的结构。由于人脑在很多方面存在差异，每个人的思考方式不同，所以他们绘制的思维导图自然也形态各异。不受所谓"正确"的条条框框限制，这样才更能促进学习者的学习能力并培养他们的创造性思维。社会所需要的创新知识从何而来？一是扎实的基础知识；二是创造性思维。最后，要求学生做好下节课的预习，绘制一幅关于下节课知识框架的思维导图。

（6）总结反思

课后，教师与学生都应该进行总结与反思。教师应该总结整堂课的教学成果并对教学过程中不完善的地方进行反思与改善，进一步完善教学。学生也应该总结自己的课堂收获，并反思自己在课堂上的表现与应该改善的地方，从而以更好的状态迎接下一节课。

（7）教学评价

教学评价的内容包括对教学过程中教师与学生、教学内容与方法手段以及教学环境与教学管理诸因素的评价，而对教师的教学过程与学生的学习效果的评价才是最主要的。对教师的教学过程评价主要是课堂与课外的教学评估工作，而对学生的学习效果评价主要是通过考试或测验。应用本模式教学的教师评估工作与学生考试形式均可以使用思维导图。

四、思维导图教学模式在生物技术教学中的应用

（一）思维导图教学模式在概念教学中的应用

1. 生物技术概念教学

从哲学上来说，概念是人们进行正确思维必不可少的基本要素，是反映客观事物本质属性的思维形式。而生物技术概念既有一般概念的共性，又具有自身的特性。生物技术概念是对生物现象、生物过程本质的反映，生物技术概念是从大量的生物现象和过程中抽象出来的，它具有以下几个特点：

第一，生物技术概念是观察、实验和科学思维的产物。人们经过对生物现象的观察，获得初步的概念，然后进行有目的的实验，最终通过对实验现象的判断、分析、推理等过程得出最终的生物技术概念。

第二，生物技术概念具有客观性。生物概念是经过实验验证、推理得出，由于生物实验的结果是客观的，因此生物概念也具有客观性。

第三，生物技术概念具有发展性。随着人们掌握生物知识的不断深入，对生物技术概念的理解也会更深刻。

2. 生物技术概念教学的现状

在生物技术概念教学过程中，教师教学的重点是教好概念，学生学习的重点在于学好概念。概念教学的好坏，直接关系到教师教学水平的高低，直接关系到学生能否真正学会、学好生物技术这门学科。根据对有关生物技术概念教学论文的归纳以及在教学过程中的体会，当今在生物技术概念教学中存在以下问题：

（1）对概念形成过程的教学重视不够

很多教师在概念教学过程中仍然会过于强调概念的知识本位，对概念形成过程的教学不够重视，没有给学生建立足够的感性认识就给出生物技术概念，致使一部分学生死记概念的内涵和外延，但没有真正理解概念的实质。这样就必然导致学生对概念只会背而不会

应用。

（2）对学生的前概念的关注和应用不足

学生的前概念有正确的也有错误的，正确的前概念是形成概念的基础，对学生形成新概念有促进作用，在教学中教师要充分引导和加以应用。而错误的前概念是形成概念的障碍，在教学中要注意消除其干扰。

（二）思维导图教学模式在生物技术实验教学中的应用

1. 生物技术实验教学

生物实验是在人为控制条件下，运用仪器、设备，使生物现象反复再现，从而有目的地进行观测研究的方法。生物实验在给学生展示生物事实的同时建立生物表象，帮助学生学习生物技术概念与规律，培养学生观察与实验的技能，让学生在科学实验的过程中体会和理解生物科学探究的方法和思想，并获得情感态度与价值观的体验，使学生各方面的素质得到全面的发展。

生物实验是生物技术教学的重要基础。众所周知，理性认识是在感性认识的基础上形成的。学生需要掌握的很多生物基本知识和技能都是以实验为载体的，生物技术实验教学能够充分调动学生多个器官的协同作用，增强对生物现象和过程的直观感受，这有利于学生高效地形成生物概念，掌握生物规律。

生物实验是生物技术教学的有效手段。生物实验具有形象具体、直观生动的特点，可以帮助学生在感性认识的基础上了解生物概念、规律的建立过程，从而有效地形成概念、认识规律，它符合学生身心发展特点和认知规律。生物实验是理论与实践的完美统一，学生通过观察与亲自动手做实验，能够亲身体验科学家探索和发现生物技术规律的过程，这样就培养了学生的观察能力、思维能力、自学能力、实验操作能力、创新能力和发现问题、分析问题、解决问题的能力，养成严谨的科学态度和作风。

2. 生物实验在生物技术教学中的作用

（1）生物实验有助于激发学生学习生物技术的兴趣

生物实验能够给学生提供丰富的感性材料，使抽象的生物理论、复杂的生物过程具体化、形象化，从而加深学生对生物知识的理解。同时，生物实验也能揭示新的实验事实与学生原有的认知结构之间的矛盾，引发认知冲突，激发学生的好奇心，激起学生探索新知的欲望，调动学生的积极性，培养学生学习生物的兴趣，形成良好的学习动机。学生通过观察、实验，体验到克服困难解决问题后的喜悦，就能够更好地理解和掌握生物概念和规律。

（2）生物实验有助于创设有效的学习情境

生物实验的优点是能够将复杂的条件进行精心选择，经过简化和提炼形成感性材料，借助仪器设备，突出研究对象的主要因素，创造一个恰当的实验环境，使需要认识的某种性质或关系以比较纯粹的形式表现出来，便于学生对生物事实获得明确而直接的感知。

（3）生物实验有助于培养学生的各种能力

在实验的观察过程中，需要敏锐地感知和观察以便及时捕捉到一些重要的实验现象，从而培养学生的观察能力。生物实验需要学生亲自操作实验仪器，从而可以发展学生的动手能力。有些实验并没有固定的实验方案，需要学生根据问题的需要，自行选择合适的实验装备，自行设计可行的实验方案，从而锻炼其想象能力和创造力。实验结束后须对实验结果进行总结分析，归纳出实验结论，提升学生的逻辑思维能力和分析能力。

（4）生物实验有助于培养学生的科学素质

生物实验不仅可以培养学生严谨细致的工作作风、实事求是的科学态度和坚韧不拔的意志品质，还可以使学生形成正确的观念、优秀的品质和高尚的情操。

第四节　思维导图教学模式的操作说明

思维导图教学模式根据课堂教学的三个阶段的顺序，即教学准备、教学活动和教学反思来进行设计，对每一阶段都进行了具体的安排，所以教学活动是利用思维导图模式的重点。

一、教学准备

学生在教学前应对即将学习的内容进行预习，做好充分的课前准备。教师在进行教学前须进行教学准备，主要有以下三个步骤，即制定教学目标、分析教材和学生的实际情况，通过一系列的准备工作为教学打好基础。

教师在分析教学目标时应从知识与技能、过程与方法、情感态度与价值观三个维度进行考虑。教师在分析教材时，应对所需讲授的知识体系结构、教学大纲要求、地位作用等进行整体分析；然后对教学的内容进行具体分析，分析教材的重、难点，确定哪些内容可由学生通过自主构图来自主学习，哪些内容可由学生通过小组协作构图来合作学习等。

鉴于一切教学活动都应该以学生为中心，因此对教学对象进行分析是十分关键的。教师对学生进行学情分析时可分析学生的基础知识、认知结构、认知规律等。由于学习条件、家庭背景等因素，作为学习活动主体的学生会有个体差异，在学习过程中各自会有自身独特的学习风格，这些差异必然会影响他们对新知识的加工与处理，从而影响教学效果。因此，教师在进行教学时应充分考虑这些因素，争取使每位学生都能较好地达到教学目标。

二、教学活动

这个教学模式将教学活动分为六个环节，这六个环节可根据教师教学的具体情况灵活安排。各个环节分述如下：

首先，创设情境，明确问题。在进行新课导入时，教师以合适的形式创设一个既符合学生实际又能引发思考的问题情境。当然，创设情境的手段是多种多样的，比如展示一些文字图片、视频材料，或举一些生活案例，或做一个简单的游戏，或提出一个需要完成的任务等，也可运用思维导图的中心图来引发学生的猜想。通过多样的手段激发学生的好奇心，使他们快速进入学习状态。

其次，展示旧图，发散联想。教学活动必须考虑学生先前的知识和经验水平。教师在进行教学时要为学生提供相关的知识和策略。为了学生下一步的学习，教师可通过展示旧图来发散学生的联想，这个旧图所反映的可以是学生前面所学而本节教学中需要运用的基础知识，也可以是学生对于该知识的一些正确或错误的前概念，还可以是对所需探究的问题的分析思路。这样一来，教师一方面利用思维导图帮助学生从记忆中提取已学的与新课内容有关的信息，另一方面也帮助学生梳理分析问题的方向，找到解决问题的方法，在学生初步思考时启发他们的思路、发散他们的联想。

再次，收集资料，自主构图。这是发挥学生学习主动性的阶段，是培养学生自主学习的大好机会，教师应充分把握这一环节，提高学生学习的主动性。为了激发学生学习的积极性，在这一环节应让学生自主探究较简单的内容，随着学生能力的提升适当提高学习的难度。对于比较简单的学习内容，可以发挥学生学习的自主性和主动性，在收集学习资料的基础上让他们学会自主建构思维导图。在学生自主探究和构图的过程中，一方面教师要对整个学习环境进行监控，保证学习活动正常有序进行，另一方面教师要对学生构建思维导图提供方法和思路上的指导，并对学生的学习成果予以恰当评价，以增强学生的信心。

第四，交流讨论，协作构图。小组合作学习是课堂教学的重要组织形式，为了保证每位学生在小组内的参与度，教师可根据"组内异质，组间同质"的原则来进行分组，在尽量保证随机分配的前提下，再考虑性别比例、学习能力、交往技能、守纪情况等方面，进行灵活调整，并指定组长负责主持学习小组的活动。建议教师可针对比较复杂的学习内容安排小组交流，组织学生间的合作学习，在学习小组成员交流合作的基础上协作建构思维导图。在这个过程中教师要担任控制者和指导者，合理组织并分配各小组成员，保证发挥每个成员的能力和特长。

第五，教师点评，完善构图。各学习小组完成思维导图的制作后，可依次进行展示，通过全班交流，学生可以对自己小组的构图情况进行反思，并借鉴其他小组的构图来弥补不足，营造一个共同学习、共同提高的氛围。教师在这个环节应认真听取学生的想法，并对其做出合理的点评和针对性的指导。对于一些有争议的或是关键的共性问题，教师可带领全班进行集体讨论，不断完善思维导图的建构，进一步强化学生的学习成果。总之，这一环节须注重了解学生的思维，帮学生厘清思维过程，解决思维障碍，使学生掌握所学知识。

最后，总结巩固，拓展延伸。这是课堂教学活动的最后一步，教师要对教学内容进行全面的总结，巩固学生对知识的理解，然后提出拓展迁移的问题或情境供学生课后思考，比如应用所学知识解决生活中的实际问题，做到有效的知识迁移和学习能力的拓展。

第五章　主体活动探究式教学模式

第一节　主体活动探究式教学模式的概述

一、"主体活动探究式"生物课堂教学模式的含义

"主体活动探究式"生物课堂教学是以探索、质疑、讨论、自主研究为基本特征的一种教学活动模式，它是以主体性教育为理论基础，依照在学校开展主体性教育实验的发展情况，以新的课程标准为依据，结合实验学校的教学实际，在教学实践中不断修正而构建起来的生物课堂教学模式，它是指在教师的组织、引导下，以学生的兴趣和内在需要为基础，以学生的主观感受和体验生物概念及规律的形成过程、探索和解决生物问题为特征的，以促进学生认知和情感发展，培养学生创新意识和能力为目标的课堂教学模式。

它有七个主要操作环节：探索式预习—反馈式质疑—参与式讨论—分层次指导—自主式训练—点拨式精讲—激励性评价。

探索式预习是学生在教师的指导下进行预习时，以新教材导语中揭示的和教师提出的重点、展示的思路、提出的问题来激发学生的求知欲，使学生面对问题欲罢不能，沿着一定的思路有目的、有重点地去探索。

反馈式质疑是在教师的教和学生的学之间构成的双向反馈系统的基础上，指出教师既要从课堂提问、作业练习、阶段测验中及时把握学生的问题所在，也要从学生参与学习活动的程度、水平乃至他们的表情、体态，及时了解他们的疑点，对学生的质疑教师要始终抱着鼓励赞赏的态度，形成一种宽松和谐的质疑环境，并以此为基础，及时调整教学活动，以满足学生对教师及时反馈的需求。

参与式讨论是在教师的引导下，通过小组讨论教师提出的思考题，做好重点、难点及内容提要的发言，充分发挥小组合作的作用。全班评议、修改、补充，共同总结、归纳出生物概念和规律。

分层次指导是鉴于学生的认知水平和能力层次及个性心理的不同，因而教学不能整齐划一，所以对学生参与学习的深度、广度要求也应有所区别。教师对不同层次的学生应分

层指导，使每个学生在原有的基础上实现最迅速、最充分的发展和提高。

自主式训练是使学生通过互相讨论、查找资料等方式自主完成教科书上的习题，练习正是培养学生的科学过程、科学方法和科学思想的手段，而自主性的训练有利于学生形成独立人格，形成敢于探索、敢于创造、不畏艰险的优秀意志品质。

点拨式精讲是教师根据前面各个教学环节中反馈的信息进行分析、评价，确保学生所学知识系统而规范。

激励性评价是既承认学生是学习的主体，又承认学生间实际存在的差别，在看待学生的进步时就要着重在纵向的个人比较上，多关注学生在原有基础上进步的幅度，多发现学生的长进及优点，以鼓励为主，用学生自身的积极性，克服其消极性，要坚持评价的教育性，把激励的重点放在落实教学目标、增强能力，特别是思维能力上，坚持以满腔热情，对学生（特别是学习不太好的学生）的每一点进步做出及时、有效的评价，使他们形成向上的心态，从而不断向高层次攀登。

"主体活动探究式"生物课堂教学过程体现了教学过程不仅是一个知识的授受过程，也是一个情感的参与过程，使学生主动参与知识的获取过程；将教师的作用由灌输知识转到积极引导、科学指导、优化过程和系统控制方向上来。在教学活动中，学生是中心，学校的一切教育教学工作者都是为学生服务的，教师和管理者对教育活动的管理，其目标就是促进学生的发展，促进学生的学习，促进学生素质的培养和综合能力的提高。教师在教学过程中应注重对学生学法的指导，教师通过各种方法和途径对学生学习方法的传授、诱导、矫正，使学生掌握科学的学习方法，并灵活地应用于学习中，逐步形成较强的自学能力。

能力培养是教学的首要目标，本教学模式把学生对知识的学习仅仅看作是一种基础、一种铺垫，或者说是为了获得另一种新知识的阶梯，而把让学生终身受益的能力培养和态度养成作为首要的教学目标。

"主体活动探究式"生物课堂教学模式立足于班级授课制，力求促进学生的个性、特长的发展。如今，课堂教学改革的根本任务就是在现有的条件下，杜绝教师在课堂上唱独角戏，积极调动学生参与、投入教学过程的能动性，发挥学生自主探究的主观能动性，发挥人力资源集中的优势，大力倡导合作学习，使课堂教学焕发出生命活力。

实现教学形式的转变，一要最大限度地减少教师的讲授；二要最大限度地满足学生自主发展的需要；三要尽可能做到让学生在质疑中学习，在体验中发展，在探究中创新。要充分体现学生的自主性，在教师精心组织、指导下，尽可能做到让学生自主发现，让学生自主探究。

二、新课程标准对主体活动探究的要求

新课程从基本理念到各科课程标准都明确提出要赋予学生更多自主活动、实践活动的机会，以丰富学生的直接经验和感性认识，实践、体验、探索等各种活动方式，因此在课堂教学中受到教师的青睐与推崇。但认真审视不难发现，这些活动中有相当多的只是散漫的、盲目的、随意的、肤浅的、局限于表层的活动，远远背离了活动本身所希望实现的价值诉求，以至于在当前课堂上出现了种种偏差。出现这些现象的原因是多方面的，但主要原因还是从较为上位的活动、理念到下位的课堂实践之间还缺乏相应的过渡性中介环节——教学模式，缺乏兼具理论指向与实践形态的可操作的策略体系层次，从而容易使实践因把握不当而发生种种偏颇。

主体性是人区别于动物的根本特性，是人本质的集中体现，是人作为认识主体和实践主体所表现出来的自主性、能动性和创造性等根本特性。所谓主体活动主要是指以学生学习兴趣和内在需要为基础，以学生主动参与、主动探索、主动思考、主动实践、主动创造为基本特征，以实现学生的有效学习、促进学生的主体性发展为目的的活动。

主体性活动以培养学生的主体性为目标，在本质上异于传统意义上学生被动、消极的学习活动。在表现形式上，虽然这种活动既包括内在的观念和心理活动，又包括外在的实践操作活动，但相对于传统教学中习惯于静听静观的传授式教学活动来讲，主体性活动更强调加大在操作实践活动、探究活动、交往活动等实践活动方面的改革与探索力度。

总之，以主体活动为中心建立起来的课堂教学模式，将人的主体活动当作人的发展基础，促进主体进行自主、积极、创造性的活动，这是影响人的发展的决定性因素。要让学生有效地实现自己的发展，就必须首先让学生作为主体去活动，使学生置身于主体探索活动中，通过丰富多彩的活动和实践，自己去发现、去成长与发展。基于学生主体活动的课堂教学就是以学生主体活动为特征、以实现学生主体发展为目的而建立起来的有效组织与调控课堂教学的方法论体系。

三、主体活动探究式教学模式的特征

自从 1961 年，美国生物学家、课程专家、芝加哥大学教授施瓦布明确把"探究学习"作为一种重要的教学方式提出之后，探究教学就在英美等国得到了蓬勃的发展。

如今，我们要实施真正意义上而不是形式上的探究式教学，就必须对探究式教学的真面目有恰当的认识，就要知道探究式教学的含义、基本特征及理论基础。

它与传统的直接接受式教学是相对的。在传统教学中教师讲多少学生就学多少，教师

讲什么学生就学什么，学生对所获得的知识一知半解，生搬硬套，与社会和生活相脱离，这就是传统的"以课堂为中心、以教师为中心和以课本为中心"的教学模式。而探究式教学作为一种方式，注重对学生问题意识的训练，注重学生间的互动，注重对学生的创新精神和实践能力的培养。

"主体活动探究式"生物课堂教学模式的主要特征是探索、质疑、讨论、自主研究，实际上是一种以学生为中心，在教师的组织、引导下，充分发挥学生兴趣与主动性，以参与课堂教学或实验来探索生物学概念和规律的过程。这种教学模式是以学生为中心来组织课堂教学的过程，其目的是促进学生认知与情感的发展，培养学生的生物观察和探索能力，在此基础上提高学生的创新能力。

这种教学模式比较重视课堂预习，教师将下一节课的学习作为课后任务布置给学习小组，小组组长再将任务布置给成员，在下一节课前进行检查。这样能够引导学生积极地进行课前预习，达到主动探究和相互合作的目的。教师在课堂教学中主要解决的是学生在预习时没有掌握的知识，并对遇到的问题进行解答，这样能够有效地提高学习效率。

主体活动探究式教学作为一种教学模式，其特征表现为：

（一）主动性

学生的学习是在好奇心驱使下，主动探索、思考，积极查找相关资料，亲身体验必学的相关知识，学生能够主动、热情地参与到教学活动中，并自我激励、设置学习目标、做独立的研究、进行自我引导，因此学习效率倍增。而在传统的接受学习中，强调接受和掌握，死记硬背，反复机械训练，学习活动掌握在他人的手中。这种学习不利于人思维和智力的发展，摧残学生的身心健康。

（二）问题性

教学过程中，学生是带着问题进行学习的，这些问题是他们感兴趣的，而且是与他们必学的科学内容相联系的，能够引发他们主动进行实验探究，从而收集数据和利用数据对科学现象做出解释。问题可由学生自己提出，也可由教师提出。在课堂上，一个有难度又足以引发探究的问题，能激发学生的求知欲望，并引出另一些问题。

"问题"往往被视为探究式教学的核心，培养学生发现问题、提出问题的能力被视为教学的重要任务。因此，探究式教学有人称之为"问题导向式"教学，也有人称之为"任务驱动式"教学。

（三）过程性

探究式教学关注探究的过程，关注学生的经历和感受。学生通过探究过程训练思维，掌握方法，培养动手能力。而传统的接受式教学中，注重结果，注重现成结论的直接应用，认为研究过程是科学家的事，学生没必要浪费时间去研究，而且学生现有水平也不够，许多教师甚至演示实验也不做了，只要求学生记住实验结论，以便腾出更多的时间讲解例题和练习，从而"快速高效"地提高考试成绩。

其实，学生的体验和表现比结论更重要，即使不能像科学家那样一定能获得令人满意的研究结果，甚至是失败了，他们也可以通过探究总结经验教训，习得研究方法，学会交流和合作。应该说，探究是一个人学习、生存、生长、发展、创造所必须经历的过程。

（四）合作性

探究式教学的合作性，体现为师生、生生之间互相配合、互相帮助、共同协作，为共同目标努力，从而培养团队精神。

通过合作交流探讨，彼此相互激发思维，提高交流表达能力和人际交往能力。而传统接受式教学中，课堂交往少，学生彼此孤立，许多学生自私自利，集体荣誉感淡薄，认为帮助同学学习是浪费时间，而且会在将来考试中为自己增加一个竞争对手。未来的社会，是竞争的社会，更是合作的社会，学生通过探究式学习培养的合作精神，对人生发展是相当重要的。

（五）实践性

探究式教学的实践性就是强调探究式学习以活动为主，在学习中实践，在实践中创新，所学知识与社会、生产、生活实际相联系。在接受式教学中，学生整天围绕书本转，不能也不知如何将所学知识应用到实际生活中。过去我们往往把实践狭隘地理解为与体力活动或动手技能相关的操作活动，现在随着自动化程度的不断提高，动手操作的技能在科学实验中的重要性相对下降，注重的是能发现问题，能够制订一套方案去解决问题，技术问题有专门人员去解决。当然实践并不一定是操作，而包括从提出问题到求得结论、做出评价的整个过程，不仅操作，而且思考、计划、找资料、理论探讨、收集数据、分析整理、归纳总结、写报告、写文章，都是实践。

探究式教学应尽可能包含主动性、问题性、过程性、合作性和实践性这五个基本特征，以充分发挥和利用探究的教育功能。然而在实际教学中，要组织起这五方面都具有高度探究性的活动是不容易的，也没有必要刻意追求这样的境界。刚开始可能只满足一两个特征，这就足够了，当然学生经过训练培养后，所包含的探究式教学特征将会越来越多。

第二节　主体活动探究式教学模式的理论依据

"主体活动探究式"教学模式是一种高效的教学方法，通过探索、质疑、讨论、自主研究等活动，构建了一个"预习、展示、反馈"的完善的课堂教学。

一、主体活动探究式教学模式的概述

现代教育论强调学生是学习和自我发展的主人，主体性是人的本质特征，是学生的内在属性，教育应弘扬学生的主体精神，使主体意识充分觉醒。一般来说，学生通过阅读文字材料或听教师讲授之后，能记住将近20%的内容；学生对他们看到的事物或事物现象能够记30%；如果又听又看到事物或事物现象，自己又描述，便能记住70%；如果学生亲手做过，又描述或讲过，则能记住90%，这也说明让学生亲手操作体验能取得良好的效果。

从生物技术学科特点来看，生物学中的许多概念、规律是借助于实验得到的。因此，观察和实验是学习生物学的基本方法之一，只有通过观察、实验才能获得大量的感性认识。"主体活动探究式"生物技术课堂教学模式正是从这一点出发，并力求通过教改实践的探索，较好地将此用到课堂教学活动之中。

"主体活动探究式"是一种学生主动学习的模式，通过努力探索生物知识，使学生实现自我发展、自我提升的一种有效手段。现代心理学研究表明，学生知识的掌握和学习方法的选择有着很大的关系。在生物技术教学当中，参与生物实践能够帮助学生更好地掌握生物技术知识，这就需要调动学生生物学习的主观能动性。单纯从生物技术的特点来看，这一阶段的学习涉及很多概念、规律性的知识，这些知识是能够通过实验去掌握的。因此，在生物技术课堂学习当中，观察和实验是最重要的教学方法。学生们通过观察能够获得大量的感性知识，"主体活动探究式"生物课堂教学模式就是以此为理论出发点的。

现代教育论强调学生是学习和自我发展的主人。美国心理学家马斯洛指出，人都希望自己的各种潜能得到发展和自我实现，开发潜能的条件是从认识到情感都主动参与到学习实践中去。

发展学生的主体性必须结合人的特性来考虑。马克思关于人的本质的最重要命题是：

活动是人的特性，自由自在地活动是全面发展的人的根本特征。"活动，是主体性生成和发展的机制，人的主体性在活动中生成，在活动中发展。"不少教育家对学生活动性学习都有十分精辟的见解。苏联心理学家维果茨基（Vygotsky）认为，多个个体参与的活动性学习是一种社会性交往活动，而社会性交往活动有利于促进认知发展。积极的学生实践活动，可以拓宽学生的发展空间，给学生创造积极学习、主动发展的机会。

传统教育思想影响下的教学进程主要是"目标—策略—评价"，而现代教育则更加重视学习主体的"活动—体验—表现"过程。学生的学习成长和人格成长同步进行。通过主体实践活动，学生培养了平等、民主、相互合作的意识，学会正确认识自己、评价自己、发展自己，学会尊重他人，对人对己负责，培养高尚的人格和品质，促进自身的全面发展。

二、"主体活动探究式" 生物课堂教学模式体现的教育思想

（一）引导学生主动参与学习过程

"教学过程"首先应被看作是学生的"学习过程"。教师在教学设计、课堂教学、教学评估等环节中，都包含着如何从"教"的角度去唤起学生的"学"。

1. 参与学习目标的确定

学习目标是学习活动的出发点和归宿。我们力求把教学目标转化为学生的学习目标，使师生两方面能积极统一起来。教师在提出课题后应引导学生思考"我认为应该学会什么""我想学会什么"。同时，学生提出在预习阅读过程中产生的疑点，这样教师就能有意识地引导学生参与教学目标的确定。

2. 让学生参与知识形成的过程

教师不应让学生简单地学习现成的结论，而应让学生参与知识的形成过程，让学生动口、动手、动脑，从而构建自己的认知结构。

3. 参与重点、难点的确定

把握重点、突破难点的学习活动过程，是培养、锻炼学生善于提出问题、分析问题和解决问题能力的过程。学生找出了学习的重点、难点，就把握了学习的主动权。由学生自己确定重点、难点，既符合学生认知实际，又大大地激发了学生参与学习的积极性，使他们在参与中增强了学习的责任感。

4. 参与学习方法的选择

引导学生在学习中进行自主探究学习。学习方法的选择直接决定着学生学习的效果，

引导学生参与到学习方法的选择与设计中，是引导学生由主动学习到学会学习的有效措施。

（二）发挥小组合作学习的作用

"主体活动探究式"生物课堂教学强调小组合作讨论学习方式，分组根据学习内容和学习情况的需要，按照学生的学习水平、智能情况、性格特点、操作能力等或混合编组或自愿结合编组，一般以座位前后4人为一组。这样，学生不再只是面对教师，也可以面对同伴。在这样的组织形式中，每个小组都是一个合作的群体，这一形式为每一位学生创设了"无威胁"的课堂氛围。实施小组合作讨论学习的优点主要体现在如下方面：

1. 增加信息交流量

小组合作讨论学习方式将课堂上的单向反馈变为多向反馈，它不仅为每位小组成员创设了均等的发表见解的条件，还把每位学生在45分钟内发言的机会由1/50提高到1/4。在小组合作学习的过程中，学生不仅从教师那里获得知识和学习方法，而且通过讨论、交流，扩大了信息量，在学习交流中相互启发，拓展了思维的深度与广度，增强了广收信息、主动探究的能力。

2. 培养互助合作精神

小组合作讨论学习的优势体现在实现综合性学习目标方面，学生通过小组讨论，各抒己见，发表每个个体的主见，形成小组意见，又通过组际间的交流，综合大家意见，得出完整的、较理想的结论，使合作的力量超越个体的力量，使自己与小组不可分割。因此，互助的成功体验也常常产生在这里。

（三）创设民主和谐的学习氛围

"主体活动探究式"生物课堂教学，强调教师要诚心诚意地把学生当成学习的主人，充分调动学生智慧的潜能，激发学生"我要学习"的需求，从而形成相互尊重与信任的支持型氛围。因此，营造民主、平等、宽松、和谐的教学氛围，已不再只是一种提高教育质量的手段，而应成为一种教学目标，去积极追求并努力实现。

1. 构建合作型的师生关系

民主、平等、和谐的师生关系，是实施主体性教育课堂教学的基础。课堂上让学生自由探索、热烈讨论、各抒己见，摈弃那种教师提问学生回答的单向交流模式。

当学生百思不得其解时，教师也要采用一种商讨的语气释疑："老师是这样想的，你们看看有没有道理。"而不是指令式地说："大家看黑板，听我讲解。"

2. 教师要有容忍的态度

对于学生提出的不合情理的问题和"怪异"的问答，应采取宽容的态度，一般不生硬地否定，提示有关学生"再听听别人的意见"，引导学生在研讨中领悟，刻意保护学生的自尊心和自我发现意识。

3. 给学生肯定性的评价

力求今我胜昨我，使学生真正体验到自己的进步。学生由不敢发言到勇于站起来，教师首先对这种行为给予肯定，至于问答得正确与否则是第二位的。获得成功是每一个学生的权利，而帮助其成功则是每一位教师应尽的职责。

4. 热爱全体学生，更要关心后进学生

教师尤其要鼓励、培养、尊重后进生，对后进生要更加关心，做到优先提问、优先板演、优先辅导、优先批改作业。

（四）激发学生学习的创造精神

学习的最终目的是学会创造。21世纪是创造的世纪，是人才辈出，新思想、新发明、新发现不断产生的世纪。创造精神、创新思维和创造力的发展是时代的要求，更是民族的希望。因此，生物课堂教学必须激发学生学习的创造精神，促进学生创造力的发展。

1. 鼓励学生标新立异

标新立异，就是强调别致新颖，推陈出新，例如在生物技术教学中对学生新颖别致的想法加分，以鼓励学生发展自己思维的独特性。欢迎学生对老师的解法提出质疑，表扬学生的解题方法超过老师，让学生感受到创造的乐趣，增强其自强不息，勇于创造的进取精神，鼓励学生不仅会想而且会动手，践行手是大脑的窗口这一理念。

2. 培养学生勇于质疑

学起于思，思源于疑，疑则诱发探索，从而发现真理。教师应把质疑、解疑作为教学过程的重要组成部分。一是要求学生自己预习教学内容，进行独立思考，发现疑难，提出问题；二是要设计出具有针对性和启发性的疑难问题，尤其是教学中的疑点、难点以及比较含蓄或潜在的内容，启发学生思索探讨，逐步解疑，在探索中有所发现和创新；三是鼓励学生间积极争辩，各抒己见，陈述矛盾，揭露弊病；四是鼓励学生解放思想，发扬"初生牛犊不畏虎"的创新精神，大胆向老师质疑性提问；五是鼓励学生破除迷信，活读书，敢于对课本、对参考书提出疑问，进行深入思考，进而提高理性认识；六是启发学生积极

探索实验不成功的原因，"创造"纠正方法，努力分析出现实验误差的原因，设法寻找减小实验误差的途径等。

3. *留给学生足够的思维空间*

为了学生的发展，有些问题的解决可拓展、延伸至课后的学习活动中，有些新知的学习也可提前组织学生进行研究。要把学生的思维活动有机渗透在社会生活之中。

4. *教师的教不能包办代替学生的学*

凡学生能独立思考的问题，放手让学生自己去获得，教师绝不暗示或替代；凡能通过小组合作解决的问题，可以通过班级适当交流以形成共识。只有当独立思考、合作学习都不能很好地解决时，教师的讲授才有其必要性。因此，对学生在活动中获得的正确结论，要给予真诚的鼓励。

（五）让每个学生在学习活动中都获得发展

要成功实施"主体活动探究式"生物课堂教学，教师必须认真学习现代主体教育理论，以学生的发展为根本，以开放的教学思想、多元的教学方法保证每一个学生都能在活动中、在现实中学习和发展。真正的发展源自学生的成功体验和对学习的责任心。不断的成功可提高学生参与教学活动的积极性，强烈的责任心又可增强学生在学习活动中的意志力。

第三节　主体活动探究式教学模式的理论构建与实践

一、主体活动探究式电子技术课堂教学模式的目标

（一）增强学生的主体意识

生物技术是一门以理论和实验为基础的科学。由于实验具有真实、形象、生动的特点，观察实验对学生具有很强的吸引力，极易唤起他们的兴趣，而让学生自己动手做实验，还可以满足他们的操作欲望。生物技术与现实生活联系紧密，日常生活、生产中的许多问题学生会经常看到、遇到，但还弄不清楚，因而很容易引起他们的探究兴趣。

生物技术教学应充分利用这些特点和优势激发学生的主体意识。同时，还要注意多安

排学生自主实践，学生的自主学习意识只有在自主实践的过程中才能不断地被唤醒。学生在自主实践的过程中，通过自己的独立思考，弄懂某个生物概念、规律，解决某个难题，就会体验到自主学习的快乐，从而进一步增强自主学习的意识。

（二）发展学生的主体能力

生物课堂上，教师要让学生做学习的主人，让学生积极、主动地参与教学过程，体验学习的快乐。自主性是学生主体性的核心，生物课堂要通过让学生自学，对学生进行自学指导，培养学生的自主学习能力。生物技术教学离不开实验，如果条件允许，可将验证性实验改为学生探索实验，让学生通过自己的探索，找到生物规律，学生在探索的过程中，创新精神、创新能力得到发展。另外，鼓励学生灵活掌握生物知识，启发学生举一反三，鼓励学生从多角度思考问题，敢于质疑问难等。

（三）塑造学生的主体人格

生物技术课堂主体性教学模式必须把塑造学生的主体人格，即培养学生的情感、意志、灵感、直觉等非理性因素作为发展学生主体性的一项不可忽视的目标。教师要创设民主、平等、和谐的课堂气氛，以促进学生积极情感的产生，触发学生灵感和直觉。鼓励学生合作学习，在合作中，充满互助与友爱，满足学生归属的需要和影响他人的需要，并且学会与人交往、合作的技巧，包括学会倾听，学会尊重他人等。

二、主体活动探究式生物课堂教学模式的操作程序

主体活动探究式教学模式在教学实践中一般有创设情境，提出课题；启发引导，大胆假设；激励探究，检验假设等环节。

（一）创设情境，提出课题

创设情境，提出课题是一堂课的引子。所谓教学情境是教师有意识创设的优化了的有利于学生学习的外部环境。其目的是营造和谐的教学氛围，启发学生思维，引导学生提出问题，引出课题。在生物技术基础教学实践中，教师可以用语言描述情境或用实物演示情境，用图表暗示情境，还可以用多媒体技术综合各种素材再现情境。创设情境的素材可以是一个故事、一道习题、一只元器件、一项实验或一张图表。

（二）启发引导，大胆假设

启发引导，大胆假设是一堂课的铺垫。这一教学环节是在教师的引导和启发下，学生

分析问题、提出问题、解决问题、假设方案的过程。要放手让学生阅读、思考、讨论，使其思维得到自由发挥，创新意识得到充分展示。为此，教师要给学生提供丰富的资料和信息，鼓励学生大胆质疑求异。要创造自由宽松的氛围，组织学生开展讨论，引导学生分析、综合、联想、归纳，帮助学生找出解决问题的方案。

（三）激励探索，检验假设

激励探索，检验假设是一堂课的高潮。解决问题的假设方案提出后，就要去检验它，然后用翔实的材料、严密的推理、直观的实验去支持或推翻它。在这一环节中，要让学生阐述自己的设想，并给他们创造验证的时机和条件。教师要善于运用各种激励手段，促进学生探究，对不同学习能力和风格的学生要进行分层指导。

三、与传统教学模式比较具有的优势

第一，传统教学存在着教师主宰课堂、学生被动接受、主体性受到压抑的弊端。主体活动探究式能够营造愉快、宽松、合作、探究的课堂氛围，使学生成为学习的主人，学生多方面的需要得到满足，多种潜能得到开发，更能培养学生的探究精神和创新能力。

第二，传统的应试教育，重知识的传承却忽视能力的培养，使学生误以为学好生物就是死记硬背，教师也是考什么就讲什么，精讲多练使生物失去了生动性和趣味性。主体活动探究式注重扩大课堂内容的信息源，鼓励课外阅读，还生物丰富多彩、生动有趣的本来面目，激发学生学习生物的兴趣。

第三，传统的生物技术教学中片面强调生物概念的科学性、专业性，而忽视与现实、大众的联系，使学生产生生物既难学又无用的错误认识。主体活动探究式突出学习生物技术的现实意义，拉近生物与现实的距离，旨在培养学生的社会责任感和使命感。

第四，归纳总结，应用迁移。这是一堂课的结尾。大胆假设和严谨验证后，教师要帮助学生总结提高，用专业术语、图表等形式加以系统化、简明化、概念化。要总结出规律，促使学生获得知识，完善自己的认知结构，还要引发深层思考，引出新的问题，为下节课做好准备。这种"主体活动探究式"教学模式不仅关注学生"知道什么"，更关注学生"怎样才能知道"，通过学生的主动参与、亲身体验促进学生对科学知识的"动态建构"。

第四节　教学评价与反思

一、主体活动探究式生物技术课堂教学模式的评价

针对学生的实际情况和生物技术学科的特点，这里简要地论述有关生物技术学习主体性发展的目标评价工作。

（一）独立性

学习生物有信心，不依赖教师或同伴就能独立完成学习任务。通过独立思考，认识和判断生物问题，不受别人的影响而轻易放弃自己正确的看法，能对自己的学习结果和学习策略进行适当的评价和调控。

（二）主动性

有学习生物技术的兴趣和较明确的目的，会主动安排自己的学习时间，主动参与生物技术学习活动，在学习活动中勇于提出问题，质疑问难，主动和同伴就感兴趣的问题交换意见，能为自己确定较高的学习目标，能掌握并运用生物技术的学习方法和某些思考方法进行学习，主动利用所学的生物技术知识和方法解决日常生活中的实际问题。

（三）创造性

善于发现问题、解决问题。在解决问题时不满足于常规的解题方法，能从不同方面、多角度地观察事物并寻求不同的解题思路，具有一定创新意识。喜欢动手操作，并能创造性地制作一些学具或模型。

二、主体活动探究式生物技术课堂教学模式的优势

（一）主体活动探究式生物技术课堂教学模式具有直接、省时、高效的特点

生物技术是一门实践性很强的学科，针对新教材，生物技术教学应当让学生通过自己探索来获取知识。学生自己获取的知识具有很强的稳定性。一般来说，学生自己经过探索

获取的知识与别人教会的知识相比，前者的印象比后者深刻得多，原因是在知识的获取过程中，首先是从把握事物的本质特征开始，再来分析归纳出理性的知识，因而学生一开始就会对事物的本质特性有较为深刻的关注。由于对事物的本质特征把握透彻，清楚知识的来龙去脉，所以通过探索获得知识并应用时，知识的迁移能力会有明显的提高。

学生从学习生物技术的第一个概念开始，就能独立理解，一开始就建立了学习生物技术的自信心。学生在学习过程中，不断领悟、归纳生物规律和学习方法，逐步内化成自己的认知结构。随着学习内容的增多，同化、顺应的过程接连不断，学生的自主学习能力也在不断提高。

（二）主体活动探究式生物技术课堂教学模式注重优化课堂教学结构

课堂是教学活动的主要场所，教师应综合考虑教学过程中的各种因素，优化课堂教学结构，合理设计课堂教学活动。建构生物技术课堂教学模式既要考虑教学的一般原理，又要兼顾生物技术学习的固有规律，使教师教的过程符合学生的学习心理过程。

主体活动探究式生物技术课堂教学模式用学生的学习心理过程和学习行为来描述教学的结构，使内隐的认识、思维过程和外显的教学行为和谐统一。它从规律理解开始，以规律运用结束，层层递进，逐步深入。相对稳定的结构步骤避免了教学的随意性和盲目性，使学生的生物技术学习向着自主的方向发展。同时，这种简约化的结构使教师更容易操作，学生更容易领会。这种教学模式也充分考虑到使集体教学、小组合作学习和个别学习相结合，学生既能在教师指导下获得新知识，又能在小组合作学习中运用知识，发展个性特长，发挥创造性。

（三）教师实施主体活动探究式生物技术课堂教学模式要注意创设教学情境

体现学生主体性的课堂教学，它的重要特征就是学生的主动参与，学生的主动参与体现了教学过程中科学实践和主体能动性的统一。生物技术教学具有很强的实践性，对概念、规律的理解和运用是生物技术教学的目标，学生通过实验、练习和讨论的实践活动，发展知识理解和应用能力。可见，实践活动离不开情境。

情境不仅能激发学生原有的知识经验，唤起他们的情感体验，还为他们的进一步发展提供了空间，学生在各种实践活动中交流信息，表达情感，进行价值判断。情境活动的这种特征决定了学生的参与应该是主动的、积极的。因此，教师在教学中应充分挖掘教材中的知识点和话题，创设情境，为每一个学生的主动参与创造条件。

（四）在课堂教学中实施强化小组活动

小组的合作性学习活动是现代教学区别于传统集体教学的重要特征。组内一致的小组活动是通过同伴间的互助合作来实现共同目标的。学生的主体性在这种群体交往中得到展现和发展，具体表现在：小组合作学习活动为学生提供了积极、平等参与的机会，每个学生都有表现自我的机遇和氛围，它有助于学生形成个体自我意识，学会自我评价，形成自我调控能力。由于小组学习是以小组的总体成绩作为评价和奖励依据的，这就促使小组成员互相关心、互相帮助，视小组成功为个人成功，培养自己的贡献意识。这些都是传统的集体教学所无法实现的。

（五）教师在教学中注意实现主体活动探究式生物技术课堂教学模式的教学思想

主体性的显著特征之一就是学习的主动性。学生是具有丰富思想情感的个体，他们的学习过程并不是被动地接受知识的过程，而是积极、主动的参与过程。这种参与不仅有外显的行为参与，还有内隐的思维和情意的参与。情意因素构成了学生发展的动力系统，集中表现在兴趣、动机、态度、求知欲、意志品质等方面，发展情意是学生主动学习的根本。激发学生的学习动机，使学生对生物技术学习产生强烈的学习兴趣，使学习需要由潜在状态转为活动状态。学习的动机有内部动机和外部动机之分，生物技术教学应以激发学生的内部动机为主，随着学生年龄的增长，来自外部的表扬、奖励为主的动机强度逐步减弱，而与认知兴趣有关的内部动机逐步占主导地位，学生通过自主的学习活动不断地获得成功，而成功的体验又促使他们进一步学习，这种动机才是稳定持久的。教师在教学中应充分认识到这种动机和学习的互惠关系。

（六）主体活动探究式生物技术课堂教学模式中倡导的教学民主

学生的主体性根植于民主、平等的师生关系和教学氛围。打破传统的师生观念，改变课堂里教师讲、学生听的单一的线性关系，发展师生间、学生间的双向、多向的互动合作关系。教师不再是知识的权威，而应该是学生学习活动的指导者、伙伴、促进者；学生也不再是被动的接受者，而是积极的参与者。学生之间要建立良性的竞争和相互合作的人际关系。倡导教学民主，就要营造民主、宽松、和谐的心理氛围，教师要充分理解、信任每一个学生，尊重他们的思想情感和独立的个性，为学生创造自主学习的条件，提供成功创造的机会，引导他们对自己和他人做出合理的评价。民主、平等、友好的师生关系可为学生的主体性发展提供良好的保障。

（七）教师重视学生学习策略的指导和运用

传统教学重视知识的传承，而信息时代的到来使人们意识到，不断更新换代知识的学习不能穷尽，唯有方法可沿用终生。学会学习、终身学习是当代教育的重要命题。学习策略是学会学习的基础，学会学习就意味着学会运用一系列的学习策略，教师的重要任务之一就是指导学生学习一定的学习策略，学会能动地、自主地学习，促进学生的可持续发展。重视学习策略的指导和运用，就是重视学生在实践和创造性学习活动中的主体地位和积极作用。

学生学习生物技术的策略要与生物学科的内容相联系，反映生物技术的学科特点和学生的实际需要。教师要发展学生一般的认知策略、元认知策略、情感策略等，要将它们渗透到概念、规律、定律等基础知识和实验、练习的应用过程中。

三、主体活动探究式生物技术课堂教学模式的反思

（一）提倡主体活动探究式教学不是要拒绝接受式教学

主体活动探究式教学不是一种僵化的模式，而是一种理念、一种方法。通过研究和实践表明在强调探究教学的同时，要注意多种教学方法的运用。国外的教育实践也表明所有内容都实行主体活动探究式教学是行不通的。因此，在强调探究教学时，不排斥包括接受式教学在内的其他教学方法。事实上，灵活多样的教学方法有助于提高学习效率，如学生对某一现象有大量感性经验时，讲述法就可能会是一种更恰当的选择。从另外一个角度来看，探究教学需要花费很多时间，如果所有的内容都用探究的教学方法，不仅教学时间不允许，也不一定符合教育的经济性原则。

（二）强调主体活动探究式教学不能忽视知识的系统掌握

主体活动探究式教学是用一种符合知识产生规律和学生学习发生发展规律的方式来组织和实施的教学活动，无论是探究的过程还是结果都直接与知识密不可分。因此，强调探究不是单纯追求能力培养而忽视知识的掌握。就知识和能力关系而言，知识是能力的基础。

第六章　生物学实验教学的模式及创新

第一节　生物学实验教学的功能与目标

一、经典性实验的教育功能

生物学经典性实验具有三项教学功能：一是促进对原理、规律的深层次理解；二是发展科学探究能力；三是培育科学精神和科学态度。基于新课程理念的经典性实验教学应着力开发第二项功能，并与探究性实验、研究性课题相匹配，使之成为培养学生科学探究能力的重要载体。

（一）生物学经典性实验的教学功能分析

经典性实验作为教科书的正文组成部分，有以下三项教学功能：一是追溯生物学概念、原理、规律衍生的轨迹，从而达到深刻的理解；二是领悟科学家如何提出问题，寻找证据，不断深入解决问题的思路和方法，从而理解科学探究的本质；三是展现科学家求实创新、不畏权威和艰难的探索过程，培育学生的科学精神和科学态度。因此，经典性实验教学能够将知识、能力和情感态度与价值观三维课程目标有机地结合起来，从而全面提升学生的科学素养。

经典性实验是科学家在探索生命奥妙的历程中所做的富有创新性的工作，生命科学史上每一个重大发现、每一个新的突破，无不凝聚着科学家那辛勤的汗水、智慧的结晶。教学中向学生展示生命科学发展史上一个个经典的画面，使其沿着科学家探索生命世界的道路，追溯科学家如何"提出问题，构想假设；制订计划、预测结果；执行计划、搜集数据；分析数据、得出结论"的探索过程，从而有效地促进学生科学探究能力的发展。

（二）总结遗传物质的探索过程，培养科学探究能力

确认 DNA 是遗传物质，先后经历了多年的艰苦探索。其中涉及三个著名的经典性实验：即 1928 年格里菲斯（F. Griffith）的肺炎双球菌体内转化实验；1944 年艾弗里

（O. Avery）的肺炎双球菌体外转化实验；1952 年赫尔希（A. Hershey）和蔡斯（M. Chase）的噬菌体侵染细菌实验。展现、分析这些经典性实验，可以促进学生在以下三个方面得到发展。

1. 体验科学探究实验的设计思路

艾弗里为寻找转化因子而设计的肺炎双球菌体外转化实验，是基于他对格里菲斯实验结果的批判性思考。他认同格里菲斯的结论，即已被加热杀死的 S 型细菌中含有某种促进转化的活性物质，但他没有浅尝辄止，而是将 S 型细菌的组成物质进行分离、提纯，然后将它们分别加入已培养 R 型细菌的培养基中，从而确定了转化因子是 DNA。教学时，教师应该给学生留下足够的思考时间，让他们也去设想寻找转化因子的方法，并与艾弗里的设计进行比较，从而受到科学方法的训练和教育。艾弗里的实验虽然引起了人们的注意，但并不是所有的人都信服这一结果，因为他的实验中提取的 DNA，纯度最高时也还有 0.02% 的蛋白质。于是科学家们设想，最好把 DNA 与蛋白质区分开，以便直接、单独地去观察 DNA 和蛋白质的作用，于是便诞生了噬菌体侵染细菌的实验。如此组织教学，就能促使学生深刻体验科学实验的设计思路和选择噬菌体作为实验材料的巧妙性。

2. 增强搜集和处理科学信息的能力

搜集和处理信息的能力是一项重要的科学探究能力，因为科学结论的获得基于对实验数据的搜集和解读，没有足够的信息或者不能对信息进行科学的处理都会影响到结论的获取。上述三个经典性实验的过程和结果，为我们培养学生搜集和处理信息的能力提供了很好的素材。

3. 发展科学思维能力

科学思维是科学探究的核心和灵魂，支配着探究思路的设计、探究方法的选择和使用以及对实验数据的分析、解读，获取相应的结论等。因此，科学思维能力训练可以在探究程序设计、探究方法选择、实验数据分析等多个环节进行。对于经典性实验教学来说，可以着重引导学生分析科学家的实验过程及结果，得出相应的科学结论，进而发展他们的科学思维能力。

（三）分析孟德尔遗传实验，领悟假说演绎的科学方法

"观察—归纳"和"假说—演绎"是生物科学发展史中所采用的两种重要研究方法。细胞学说和自然选择学说的建立基于科学家对大量事实的占有，众多现象的观察、分析和归纳，而遗传定律的发现则归功于孟德尔采用了"假说—演绎"的科学方法。后者与培养

学生科学探究能力的关系更为密切，因为构想假说需要大胆设想，演绎推理需要缜密思维，验证假设则需要设计实验、寻求证据。如果我们按照孟德尔的发现历程组织教学内容，凸现其中的方法论价值，不仅能使学生深刻地理解基因分离定律的实质，而且还能使他们领悟"假说—演绎"的科学方法。

在教学过程中，除了彰显"假说—演绎"的科学方法外，还应让学生明白构想假设的依据并学会如何在假设和推理的基础上对实验结果做出预测。假设是根据已有的客观事实、科学知识或科学原理对所探究的问题所做的一种假定性的说明。就其组成而言，包含已知事实和推测性假定两种基本成分。假设通过这两种成分的搭配明确问题解决途径，在条件与结果之间建构设想。

验证假设通常需要先对假设做出实验预期，然后通过搜集数据判断是否与此相符。如果相符，则假设被证实；否则，假设被证伪。因此，在讲授"测交实验"时，有两种教学方案可供选择。

"假说—演绎"作为一种科学的思维方法，其核心环节在于建立假设、基于假设的逻辑推理和对假设及其推理的验证。在设计经典性实验教学方案时应锁定上述核心环节，尽量还原科学发现的本来面目，不能以现代科学的已知事实去代替或冲淡原本对假设及其推理的预测和求证。例如，根据现代遗传学的研究，等位基因位于同源染色体的相同位置上，在减数分裂过程中随着同源染色体的分离而分离，这已是不争的事实。但如果以此代替或冲淡对测交试验的设计和分析，将不利于学生探究能力的培养，教学时应将"等位基因随同源染色体的分离而分离"移到"测交实验"的后面，作为验证假说的一个证据比较恰当。

（四）参与生长素的发现过程，领会对照实验的设计原则

发现生长素的系列实验是科学探究的典范，是科学思维、科学探究程序和探究技能的有机统一。该经典性实验的主要教学价值在于磨炼学生的科学思维，理解对照实验的设计原则。为此，有效的教学策略是引导学生参与生长素的发现过程，使其深入思考科学家的工作过程，领悟科学家是怎样发现问题、建立假设、寻找证据、合理推理的，体验科学家不断深化对问题的认识过程和科学探索精神。

二、验证实验的教学重点

"观察植物细胞的质壁分离与复原"作为一个经典性的验证性实验，在新教材中虽然把它穿插在正文之中，但有些教师由于没有把握住教材编排的逻辑体系，仍然把该实验安

排在系统讲授完教材内容之后进行；或虽与讲授同步，但仅仅是让学生"照方抓药"做完实验，缺乏对实验现象的分析论证；或虽进行了分析论证，但因偏离了该实验的逻辑起点（假定原生质层是一层半透膜），仍然得不出应有的结论。凡此种种，均造成该实验固有的教学功能丧失，使之沦为操作技能的训练和满足学生的猎奇心理而已。本书拟在分析教材编写的逻辑体系基础上，还原其固有的实验功能。

（一）实验功能的定位

欲将"观察植物细胞的质壁分离与复原"实验功能进行定位分析，须先展现相关教材内容的逻辑体系。"植物对水分的吸收和利用"一节，共包含四个二级标题，其编排顺序为：渗透作用的原理，植物细胞的吸水和失水，水分的运输、利用和散失，合理灌溉。"观察植物细胞的质壁分离与复原"实验安排在"植物细胞的吸水和失水"这一小标题后，但在"渗透作用的原理"中，教材首先以定论的形式说明"植物细胞在形成中央液泡以后主要以渗透作用吸收水分"。然后，做演示实验"渗透作用与水分的流动"，得出渗透作用的产生必须具备两个条件：一是具有一层半透膜，二是这层半透膜两侧的溶液具有浓度差。接着教材对"成熟的植物细胞是一个渗透系统"进行理论探究，包括：细胞壁具有全透性，水和溶质分子都可以透过；细胞膜和液泡膜具有选择透过性，如果将选择透过性与半透膜的性质进行类比，就会发现选择透过性具有半透膜的性质；水分子可以透过，大分子不能透过。这时，教材做出假定，即从整个植物细胞来看，可以把原生质层看作是一层半透膜。由于细胞液具有一定的浓度，当成熟的植物细胞与外界溶液接触时，细胞液就会通过原生质层与外界溶液发生渗透作用。

"观察植物细胞的质壁分离与复原"实验，其主要功能是验证理论探究中的假设，即原生质层具有选择透过性，是一层半透膜。如果原生质层是一层半透膜通过实验得以验证，那么，就可以得出"成熟的植物细胞就是一个渗透系统"的结论。

（二）实验功能的发挥

为了充分发挥"观察质壁分离与复原"的实验功能，关键是要引导学生对实验现象进行论证分析。

1. 分析细胞质壁分离及复原的原因

在分析细胞质壁分离与复原的原因时，应从学生所观察到的现象入手。例如：①原生质层为什么与细胞壁分离？试从内外因两个方面解释；②当液泡体积缩小，颜色变深时，液泡中的水分子流动方向如何？色素分子能否通过原生质层扩散到细胞外？当液泡体积增大，颜色变浅时，情况又如何？这样，通过引导学生进行逻辑推理和辩证思维，得出结论，即成熟的植物细胞发生质壁分离与复原的实质在于水分通过原生质层渗出或渗入，原生质层确实是一层半透膜。

2. 论证原生质层是否具有选择透过性

如果说上面的分析是肯定判断的话，那么下面的论证则属于否定判断：①假设原生质层是全透性结构，其实验结果将会怎样？②假设原生质层是不透性结构，其实验结果又会怎样？学生就会从假设的条件出发，做出如下判断：若原生质层是全透性结构，由于细胞内外溶液浓度相等，水分进出细胞数量相等，就不会发生质壁分离；若原生质层是不透性结构，由于水分不能进出细胞，同样不会发生质壁分离。这种否定判断往往更有说服力，从而雄辩地论证了原生质层确是一层半透膜，成熟的植物细胞是一个渗透系统。

（三）实验功能的拓展

由于教材首先以定论的形式说明"植物细胞在形成中央液泡以后主要以渗透作用吸收水分"，这就决定了"观察细胞质壁分离与复原"是一个验证性实验。假若教材编写不是直接呈现结论，而是一个疑问句：植物细胞在形成中央液泡以后主要以渗透作用吸收水分吗？或者：成熟的植物细胞是一个渗透系统吗？那么，该实验就成了一个探究性实验。可以引导学生参照"渗透作用与水分流动"的演示实验设计探究实验方案并对实验结果做出预测。

教师提供实验性资料。用高浓度蔗糖液诱发细胞发生质壁分离后，不能再使其复原，你怎样解释这种现象？怎样鉴定一个成熟的植物细胞的死活？

让学生自己配制一系列不同质量浓度的蔗糖溶液，探索洋葱鳞片叶的表皮细胞在什么质量浓度范围内质壁分离最快，什么质量浓度范围内不发生质壁分离，什么质量浓度以上发生了质壁分离之后不能复原。让学生探索质量浓度为 0.3g/mL 的蔗糖溶液是否是洋葱鳞片叶表皮细胞发生质壁分离的最佳质量浓度溶液，怎样测定洋葱表皮细胞中细胞液的浓度。

用质量浓度为 0.3g/mL 的蔗糖溶液对不同植物的组织做质壁分离实验，比较它们的质壁分离速度是否相同。

采用其他溶质的一定质量浓度的溶液，探索这些溶液能否使洋葱鳞片叶的表皮细胞发生质壁分离，如果不能诱导质壁分离，可能是什么原因？

总之，只有认真分析教材编排的逻辑体系，找准实验的逻辑起点，并对实验现象或实验数据进行充分的论证分析，才能充分发挥验证性实验的教学功能。

第二节 生物实验课教学模式设计

生物学是一门以实验为基础的学科。生物实验在培养学生能力、提高学生素质方面具有其他任何手段都不可代替的作用。优化生物实验课的教学过程，提高实验教学的效益，是当前实验课教学改革的重点内容。

一、生物实验课的课型与教学结构

(一) 生物学实验

1. 生物学实验的概念

生物学实验是针对特定的研究对象和研究目的，运用相应的辅助工具（仪器、设备等）主动控制、干预研究对象，或控制环境、条件，即创造一种典型环境或特殊条件，并在其中进行的探索生命现象及其运动规律的实践活动。

从认识的角度分析，生物学实验应包括实验者、实验研究对象和实验手段等三种要素，从方法论角度分析，生物学实验还应包括观察、假设、预测、控制、操作、记录、分析、推理、结论等一系列环节。

2. 生物学教学实验的类型

在生物学教学活动中，以实验作为重要教学内容的教学，称为生物学教学实验。生物学教学实验是根据生物学教学目的、学生认知水平和教学条件，有目的地安排、设计一些类似科学实验的模式、程序，在规定的较短时间内进行实验操作，以达到实验目的要求的实践活动。

生物学实验类型不一定绝对完善，各种类型的实验都有一定的教学目标，在教学中根据教学的实际情况，科学安排，有机组合，有助于实验教学总目标的完成。

(二) 生物实验课的课型

1. 生物实验课的类型

以实验的形式组织教学，是教师普遍采用的教学方式。在实验教学中，教师有双重任务，一是进行动作技能训练，一是进行心智技能训练。因此，通过实验，让学生不仅能获得动作技能，而且还能获得生物学知识，掌握科学的实验方法，通过实际操作的学习实践，提高学习能力。

2. 生物实验课的课型特征

特征之一：实验教学是一种直观教学。学生通过实验，对生物学的有关概念、规律、结论等进行验证学习与探究学习，可以加深对生物学知识的理解和认识。

特征之二：学生是在教师指导下，对实验进行有目的的观察、研究和思考，实验操作过程具有严格的规范性，操作强调动手，动手的规范和协调是其基本要求。操作是一种技能，行为心理学告诉我们，一种技能需要足够的刺激—反应才能形成。要求学生准确地模仿、重复训练、达到熟练，而且实验后都要进行总结反馈。

特征之三：实验教学是多种能力培养与训练的教学。学生通过实验，使观察能力、实验能力、初步研究能力和创新能力得到有效发展。

3. 生物实验课的教学过程结构

生物实验课的基本教学过程结构是："动机、模仿、实践、熟练"。

教与学均要明确教学目标，学生明确实验目的、步骤，比盲目参加效果好。因此，创设教学情境，激发学生学习动机；实验课中动作技能的训练是以模仿训练为中心，教师精确的示范动作，是每一个学生准确模仿的根本；学生在模仿基础上，不断地实践，直至基本掌握实验操作要领，重复训练，使操作达到熟练。

生物实验课在"动机、模仿、实践、熟练"基本教学过程结构上，根据教师与学生的教学地位以及教学内容结构，从教学活动方式、方法的角度看，可以衍变为以下三种变式课型：

（1）验证式

①教学过程结构。

复习→示范→实验→验证。

②教法特点。

这类课一般编排在有关课文之后，需要学生具有与实验相关的较多的基础知识。课程的组织比较容易，实验的内容都是学生已知的，严格按操作步骤进行，实验起到验证和巩固知识的作用。由于只是"重新体验其过程"，是一种单一的、模式化的、不注意学生个性特点的教学，所以不利于学生创造能力和思维能力的培养，但能使学生学会实验方法，能锻炼学生的实验技能；培养学生的观察能力、逻辑思维能力；养成实事求是的科学态度；理解相关知识。例如"观察根尖的结构""观察叶片的结构"等实验比较适合采用这种方式进行教学。

（2）同步式

①教学过程结构。

问题→示范→实验→结论→运用。

②教法特点。

这类课把讲授新课和实验结合起来，讲课内容与实验内容是同步的。它一般编排在有关课文之中，需要较多的基础知识，并且实验的内容与讲述的理论知识关系相当密切，学生需要通过实验获得一定的感性认识之后，才能将观察结果上升为理性知识，从而进一步理解和记忆课文知识。教师可通过这类课来引导学生自己得出结论，使学生既获得新知识，又培养了实践能力。这种实验课的成败关键在于：教师是否能够将实验课教学程序的设计与教学内容合理有机地整合在一起。

（3）探究式

①教学过程结构。

课题→探索→结论→评价。

②教法特点。

探究实验能充分体现启发式教学。由教师给出实验原理，鼓励、启发学生独立探究，得出结论；或者学生自己设计实验，得出结论。这类实验一般编排在相关课文之前。这样的实验教学中，课题的提出最为关键。这关系到探究性活动能否顺利进行，学生自主性以及教师指导性价值能否真正体现。学生对实验材料、实验用具、实验试剂、实验方法等进行探究，在这个探究过程中，注重对实验结果的评价，获得新的知识建构。例如"绿叶在光下制造淀粉""酶的高效性与专一性"等实验均适合用这种方式教学。在探究过程中，传授基础知识、训练基本技能和培养学科能力三者有机统一起来。学生发现问题积极探索的精神、学生的逻辑思维能力等均得到最大限度的发展，也有助于科学态度和创新能力的培养。

从验证式、同步式到探究式，我们可以看到教师的主导性由弱变强，学生的主体性由弱变强。每一种教学结构过程都有其特点，应根据教师特点、学生特点和教材特点科学选择教学过程结构进行实验教学。

4. 生物实验课的课型系谱

从教学活动方式的角度看，把实验课的教学过程结构变换成三种变式，即程序式、独立式和探究式。如果把上述"按教材内容分类的课型"和"按教学活动方式分类的课型"

分别进行组合，可以引出生物实验课课型系谱。

二、生物实验课教学模式设计的基本内容

（一）教学目标设计

1. 教学内容分析

通过分析教学内容，解决不同阶段的"教学什么"的问题。教材中虽然已写明"实验目的"，但实验目的不等同于教学目标。布卢姆将教学目标分成认知、情感和动作技能三大领域，每一个领域又按高低层次分为若干等级。分析教学内容，划分知识点，确定教学重点和难点，才能将教学目标具体化。

2. 教学对象分析

在实验教学过程中，学生是学习的主体，分析学生的认知水平、技能水平和心理特征，才能使实验教学具有针对性。动作技能操作是实验教学的重点之一，因此必须对学生的动作技能水平进行分析。以"叶绿体色素的提取和分离"实验为例，分析学生动作技能的水平。教师应该根据学生技能水平设计实验教学，使技能训练能落到实处，保证实验教学的有效进行。

3. 确定和编写教学目标

实验能力是科学素养的基本要素之一。培养实验能力的核心问题是形成实验意识。教学目标不仅仅限于让学生学会或验证某项技能，而且强调了对于实验的原理、方法、结果的探索与思考的教学。实验教学以形成实验意识为核心，在确定实验教学目标时，就应当考虑四项基本目标：问题感的形成，实验方案的设计，观察数据的整理和适当结论的提出。

教学目标的编写表达要详细、具体，并且要用行为术语来表达。生物实验教学的框架大体可分为三部分，即实验准备、实验操作和结果处理。以"叶绿体色素的提取和分离"实验为例，说明具体教学目标。

（二）教学策略设计

选择有效的教学策略是实现教学目标的重要环节。教师在教学策略的制定、选择与运用中要从教学活动的全过程入手和着眼，兼顾教学目标、教学任务、教学内容以及学生的状况和现有的教学资源，灵活机动地采取措施，保证教学的有效展开。在生物实验教学中，我们通常可以选择以下的教学策略进行实验教学：

1. 编码图示策略

从信息论观点看，教学过程是一个教学信息的编码、传输、接受与反馈过程。在生物实验课上对学生进行实验技能训练过程中，如何使学生在短时间内了解、明确、掌握、提取实验技能训练的相关信息，关键在于信息的编码。只有有效、可靠地编码，才能实现师生之间的交流。

编码图示策略是以"纲要信号"为核心，通过文字、图形、表格的组合，简明扼要、直观形象地显示实验技能训练过程编码，使学生在短时间内，在思维中建立映象，贮存记忆，提取快速、准确，指导完成实验技能操作。编码图示策略有利于发挥学生的联想能力和记忆能力，并提高学生的逻辑思维能力和概括能力，使学生更好地掌握实验技能训练，达到优化教学的效果。下面就实验技能操作步骤编码方式进行探讨。

通过对实验步骤的编码连接，直观地反映每一实验步骤间的内外联系。引起学生动手参与的兴趣与迫切感，使学生在实验操作中始终处于主动的状态，有利于提高学生的实验操作能力。

2. 示范模仿训练策略

在生物实验教学中，不仅要使学生获得基础知识，而且要用训练的方式使学生掌握实验技能。实验技能训练是一种有目的、有步骤的活动。学生对实验技能的学习一开始就需要教师良好的示范，而学生针对教师的示范进行模仿，然后由"仿"过渡到"创"，教师的示范操作是培养学生实验技能规范的关键，学生在模仿的基础上，进行初步的实践，此时，教师的矫正指导是重要的。在教师的指导下，学生的实验技能操作达到熟练、连贯、精细化水平，并能运用于其他同类实验操作或能创新原有的操作模式，以适应新情境。

（1）示范动作的选择

根据学生实验技能的熟练情况，有时需要示范全过程，有时不需要。例如，学生第一次进行"显微镜的使用"实验，教师应示范显微镜使用操作的每一步细节，而在"观察人的口腔上皮细胞"实验中，应收集学生显微镜使用的反馈信息，对学生遗忘部分进行提示式的示范。

根据实验技能操作的难度来选取。例如，在"了解消化作用和观察小肠绒毛"实验中，重点示范唾液快速收集法、试管内液体的混合方法、水浴温度保持方法，其他操作则指导学生按编码独自完成。

（2）示范内容的确定

在此，示范的内容是指完成实验技能的方法。完成同一实验技能可有许多方法，学生使用何种方法学会实验技能操作，在于教师的选取。可以照本宣科，亦可提供其他方法供学生探究，以激发学生探索、研究的精神。例如"叶绿体中色素的提取和分离"实验中滤液细线的画法。方法一：毛细管法。毛细管法是用毛细吸管吸取少量滤液，距滤纸条下端1cm处均匀地画上一条滤液细线。方法二："印泥"接触法。"印泥"接触法是用绿叶加丙酮研磨成浆制成"印泥"，用载玻片压平，将滤纸条离下端1cm处折叠，然后用折叠的边缘与"印泥"接触。接触时一定要平。这样就相当于在折叠处画了一条滤液细线。两种方法画出的滤液细线都平齐而细。学生通过探究，发现"印泥"接触法比毛细管法有实验仪器少、步骤简单、需时短的优点。

（3）借助多媒体示范

借助多媒体教学有助于示范动作的放大、定格，有利于学生清楚地观察到教师的示范操作。例如，在"观察叶片的结构"实验中，可通过录像示范徒手切片的分解动作、连贯动作、定格。"观察番茄的果肉细胞"实验中，可通过实物投影仪示范取材部位和方法。

3. 媒体选择策略

实验教学本身就是直观性教学，在这种直观性教学中，要重视思维的训练，重视示范，重视实践，重视整合。在这些教学过程中，根据教学媒体的职能合理选择媒体，更有利于实验教学的优化。例如，在"观察花的结构"中，提供"事实性媒体"菜心花；在"叶绿体色素的提取和分离"中，提供"情景性媒体"叶绿体结构的复合投影片；在"植物的向性和感应性现象的实验设计和观察"中，提供"原理性媒体"含羞草的触动感应过程；在"制作DNA双螺旋结构模型"中，提供"探索性媒体"可再利用的废物材料；在"植物细胞的质壁分离与复原"中，提供"示范性媒体"实验过程的录像。

事实上，在实验教学过程中，要根据教学需要和条件综合使用各类媒体，运用媒体促进实验教学最优化。

4. 探究策略

在布鲁纳看来，学生的心智是沿着动作、肖像和符号表征三种信息加工系统来发展的。在教学过程中，教师的作用是要创设一种学生能够独立探究的情境，学生是主动的、积极的知识探究者，与其指示学生如何做，不如让学生自己试着做，边做边想。在生物实验教学中，除了完成教学大纲规定的实验内容外，给学生增加一些探究性实验，将促进学生学习的自主性和独立性发展，使他们不仅为追求发现而学，而且为追求自身发展而学。

所谓探究性实验，是指学生在不知道实验结果的前提下，以教师所给的启发性问题为指导，通过设计实验方案、验证、思考分析得出结论的一种实验形式。探究型教学是比较复杂的教学，因为探究型教学是一种双重的教学过程：探索者对所研究的课题的学习，同时也是对探究过程的学习。教师安排学生进行探究性实验，必须考虑学生已有的知识和经验，并善于引导学生产生强烈的探究愿望和激情，引导学生在探究过程中发现问题，解决问题。

进行探究性实验，必须创设适于学生开展探究实验的背景。例如，在"叶绿体中色素的提取和分离"实验教学前，对教学内容进行重组。在讲光合作用概念时，特意安排了"画滤液细线层析叶绿体色素"的操作，为学生提供后继学习的感性认识，收到"以间歇性的训练"强化学生操作技能的效果，并请学生思考："还可以有其他方法画滤液细线吗？""不同绿叶所含的色素种类是一样的吗？"请同学们设计探究的方案，教师将学生设计的实验方案经筛选和修改，选出可操作的较简单的方案。在"叶绿体中色素的提取和分离"实验课上进行分组对比实验。

5. 反馈评价策略

学生在操作时，往往不知道自己的操作是否完全正确，让学生知道练习实验技能所带来的实验结果是必要的；在探究实验过程中，学生经过了尝试、检验等阶段，探究的结果是否符合科学性，这些都需要教师的反馈信息做进一步的引导。因此，教师必须在此阶段组织学生对实验技能操作的认识进行评价，进行当堂即时性反馈。例如在"叶绿体中色素的提取和分离"实验中，把学生实验获得的层析结果，通过实物投影仪展示，分析成功与失败的原因。开展全班讨论、小组讨论，实现师生之间、学生之间的全员反馈，使每个学生都能从各种渠道获得正确信息，做出正确的矫正。亦可通过课后练习、批改实验报告等形式进行课后延时性反馈，根据获得的反馈信息采取补救措施。继续学习，使学生操作表现的准确性、协调性更加完美，操作准确的学生在实验技能上精益求精，具有创造性。

(三) 教学组织形式设计

生物实验课的组织形式主要有三种形式：并进式、独立式和探索式。

1. 并进式

并进式是指全班在实验室进行学生分组实验时，由教师统一指挥，将学生实验技能操作步骤分成若干具体的程序，按教师指令，学生同步整齐地完成各程序。

例如在"显微镜的使用"实验中，采用并进式教学。将对光步骤分成三个程序：向内旋转粗准焦螺旋，上升镜筒；转动低倍镜，镜头正对通光孔；用左眼看目镜，调整反光镜对光。学生在规定的时间内完成一个程序后，教师指令终止这一程序。

2. 独立式

独立式是指学生明确实验技能训练编码，并对可能发生的问题、注意事项等预先模仿，然后，实验小组各自按自己的速度进行实践，对发现的现象、问题，独立思考、独立解决。教师个别指导，直到最后完成实验。例如在"叶绿体中色素的提取和分离"实验中，学生按流程图完成实验。

教师指导→编码→学生实验→反馈与矫正。

并进式能培养学生具有扎实的基本功。独立式有利于学生独立思考，培养独创性。为了培养学生的规范操作与扎实的基本功，在学生初次进行实验操作时，可以并进式开始，随着实验技能、技巧的形成，应及时地、有步骤地从并进式向独立式过渡。

3. 探索式

探索式实验教学使用的教学策略是"过程式"策略，重学习过程。探索式教学的学生具有最大的自主性和独立性，他们不仅为追求发现而学，而且为追求自身发展而学。下面是探索式实验教学的 4 个基本教学环节。

（1）展示目标（确定课题）

教师根据教学目标、教学内容、学生的认知、技能水平，提出探索的课题。例如，在"叶绿体色素的提取和分离"实验教学中，教师提出探究"画滤液细线"的方法；又或者学生在实验过程中发现问题，提出假说。如在做"观察洋葱根尖有丝分裂"的实验时，学生提出把材料放在甲紫染液中直接染色。

（2）引导探索（设计、操作）

启发思维，主动查找信息，设计探索实验方案。如在"叶绿体中色素的提取和分离"实验中，课本提供了"毛细吸管法"，学生设计了"印泥法""玻片法"。

（3）获得结论（分析、推断）

通过实验，观察和收集材料和数据，对现象和数据分析、推断，获得结论。如在"叶绿体中色素的提取和分离"实验中，学生对"毛细吸管法"和"印泥法"进行比较分析，两种方法画出的滤液细线都平齐而细。学生通过实验探究，发现"印泥"接触法比毛细管法有实验仪器少、步骤简单、需时短的优点。

（4）测试反馈（巩固运用）

组织课题练习，达到对实验的巩固和强化，并使学生学以致用。例如在"叶绿体色素的提取和分离"实验中，引导学生探索出菠菜叶的色素种类与颜色，在此基础上，再提供其他植物叶子做实验，使这一实验过程得以强化，从而实现知识的迁移。

（四）教学评价方法设计

教学评价是教学模式中的一个重要因素。在生物实验教学中，评价能够实现师生之间的双向反馈，从而不断地提高教学质量。为了使对学生的评价更切合实际地反映学生的真正发展水平，对学生实验技能操作的评价，可以综合以下方法进行：

1. 填写实验报告

现有教材均有配套的实验报告。学生完成实验报告，以分数量化评价。实验报告形式可选择绘图、填图、填表、填空、选择、讨论等。

2. 考试

试卷考试。在阶段、期末、会考、升学考试中，考查实验技能。题目可以是文字、图像、表格等。以分数量化评价。

3. 实验操作考试

考核内容为实验技能，如显微镜使用、临时装片制作等。命题时应设计好实验指导语和评分量表，等级性量化评价。

4. 写调查报告

学生通过对动物、植物、生态环境等的调查后，写调查报告。根据学生的报告等级评定学生的知识、能力状况。

5. 实验设计

在生物学教学中，培养学生实验设计的能力，是生物学大纲所明确的一个目标。学生通过对实验材料的选择设计、实验手段的改进设计或利用教师提供的实验仪器、材料设计一个完整实验方案。对学生的实验设计进行等级评价。

（五）实验前馈调控设计

实验课要求教师具有扎实的基础知识和娴熟的操作技能，要求有驾驭实验的灵活应变能力。在进行实验教学设计时，要进行预计实验过程的失当和实验结果失败的设计。在示范教学中予以强调，防患于未然，让学生少走弯路。如果某一步骤失当或实验失败，应当机立断，采取补救措施或说明失败原因，对于异常现象，能给以科学的解释。

教师通过预先做实验发现问题，目的是确定实验选材和实验的最佳方案，摸清实验成败关键及可能出现的误差，设计可能出现的各种误差的补救措施，了解实验的分量和时间安排是否恰当。培养实验小助手，培养小助手的实验课应上成正规实验课，以便使其在实验课上真正发挥"小教师"的作用。

随着新课程计划的实施，研究性学习作为一项全新的课程摆在了我们的面前，这是新生物教学大纲的一个亮点。实验的数目和类型明显增加。实验教学是进行研究性学习的重要途径。通过生物学实验教学设计，优化实验课堂教学，创设一个民主、宽松、和谐的教学气氛，使学生积极主动地完成实验，从整体上提高学生的实验素养。

第三节　多媒体在生物学实验教学中的应用

生物学是研究生物的形态、结构、生理、分类、遗传和变异、进化、生态的科学，与其他学科相比，是一门更贴近生活、自然和社会的学科，一般比较注重形象直观等感性认识。为此，生物新教材中凡重点、难点的部分都配有一定篇幅的插图，帮助学生掌握重点，突破难点。用传统的教学媒体进行插图教学，效果不甚理想。多媒体技术集文字、声音、图像、动画、视频于一体，表现方式灵活多样，克服了传统生物学教学可视性差、不够形象、直观等特点，能生动有趣地展示教学内容，帮助学生理解、记忆，发展学生的抽象思维能力，突破教学上的重点、难点，从而达到提高教学质量的目的。因此，多媒体技术在生物学教学中成为一个普及的教学辅助手段，以其直观生动、形象快捷、容量大、有利于纵向拓宽教学内容等特点为广大教师所采用。作为新世纪的教育工作者，应清醒地认识到教育要快速发展，必须把最先进的信息技术作为教育的工具，使教育技术信息成为教育改革的重大突破口。

多媒体在生物学教学中起到了较好的作用，但同时也存在着一些问题。这里分析了多媒体技术在生物学教学应用中存在的优势及问题，以期为提高生物学教学质量提供参考。

一、多媒体辅助生物学实验教学

多媒体技术是利用计算机将文字、图像、动画和视频等多种媒体信息进行综合处理以供人机交互使用的技术。由于具有信息量大、图文声像并茂、交互性强等特点，它已被广泛运用于课堂教学，以辅助教师开展教学工作。

分子生物学是一门研究生物大分子结构和功能的新兴学科，是生命科学学科发展的重要领域。"分子生物学实验"内容多为小量及微观操作，对于初次接触"分子生物学实验"的学生来说，接受起来有一定的难度。教师在课堂上不仅要耐心讲解实验的原理、步骤，还要讲解各种仪器设备的使用方法。利用多媒体技术，将一些抽象难懂的实验步骤转变成直观的动画演示，通过教室的多媒体演示屏幕，使每一位学生都能看到操作步骤并规范操作，提高了课堂教学质量。

（一）构建信息平台，实现资源共享

在网络教学平台系统的基础上，建立全新的生物科学网络实验教学平台。将实验教学管理（教学安排、教学日历、教学大纲、实验项目设置、精品课程建设、教案、课件、图书资料、实验技术交流、教学管理制度等）、物资管理（仪器设备、实验室分布、实验家具、操作规程、仪器设备管理制度等）、实验室开放管理（开放时间、开放内容、开放程序、开放人员信息、开放效益、开放管理制度等）、教学效果反馈（在校生、毕业生、助教研究生、教师、用人单位等信息反馈统计、整改措施等）、交互式管理（用于考勤、文件传输、发布信息、通知等）等一起并入局域网络自导系统，建立计算机管理数据库，可利用配有现代化设备的多媒体教室和微机室进行实验理论讲授、实验数据处理、撰写实验报告和论文、提交实验报告、对实验进行考核等。让学生在课外时间进入实验室，根据自导系统，自主学习、探究研究，复习巩固和更新知识，做他们自己想做或者感兴趣的实验，这样能激发学生的求知欲，提高学生的创新能力。

（二）与电视显微镜结合，清晰展现微观现象

从无细胞结构且不能独立生活的病毒、亚病毒，原核细胞结构的细菌、古生菌，到具真核细胞结构的真菌、单细胞藻类等这些用肉眼无法看清的细小微生物，进一步深入到包含了生命全部信息的精巧的单个细胞，以及细胞中最重要的两种生命大分子——蛋白质和核酸，这样一个绚丽多彩的生物世界用传统的实验教学模式是不可能演示给学生的。通过多媒体技术则可以以图片、Flash 动画、计算机辅助显微交互的方式直观地展示出来，从而使学生能观察到微观实验中的各种细节，进一步了解实验的全过程。通过分析实验结果，加深对实验内容的掌握，增强实验效果。

如在"果蝇唾腺染色体的观察"实验中，以往只是利用普通的光学体视显微镜及生物显微镜完成整个实验，或者教师课前准备示范片进行演示，然后每一个学生轮换在显微镜下观察，按一位学生观察耗时 1 分钟计算，轮换看下来至少需要 1 小时。随着科技的发展，采用现代化手段，我们可以把整个实验的操作过程及结果录制下来，通过电脑及投影机投放到银幕上对学生进行讲解。压制较出色的装片同样可通过电视显微镜及投影机打到银幕上展现给全体学生。这样不仅节省时间，而且能让学生较轻松地掌握整个实验操作过程，实验结果一目了然，从而提高了教学效率。

如今，数码显微互动系统将生物学实验教学引入了新的发展阶段。数码系统由数码显微系统、图像系统、计算机软件系统和语音问答系统四部分组成。该系统有较强的互动性，清晰的画面及丰富的交流模式，还具有教学共享性、开放性和可扩展性，特别适合于微观形态的实验教学。

（三）扩增信息量，节约实验教学资源

生物学是目前发展最迅速的学科之一，其理论和技术都处于不断更新之中。然而，由于受到诸多因素的影响，其学时却没有相应增加。教师可以利用备课时间在网上搜索更多相关的知识、图片，做成PPT课件进行实验教学，缩短板书、绘图的时间，同时把一些方法雷同的实验有机地整合，从而节约教学成本。例如细胞生物学实验涉及的仪器设备就有生物、荧光显微镜及电子显微镜等，将这些高档的精密仪器用于本科教学不太现实，教师不可能一对一地进行教学、指导。而多媒体技术可以解决科学技术的发展与教学设备相对滞后的矛盾。例如通过多媒体技术可以把荧光显微镜下所观察到的结果投放到屏幕上，便于师生同时观察。

（四）构筑虚拟实验室，探索模拟仿真实验

随着学生素质教育的深入推进，学生动手能力和创新能力培养将越来越受重视。今后将有更多的本科生在课外时间利用开放实验室，增加实验内容，或者做他们感兴趣的实验。这类实验可根据各自的需要和兴趣自行灵活安排，它具有时间和人数不确定的特点，一般很难有师资力量确保进行全程指导。同时，由于生物学实验内容丰富，一般是选做一些有代表性的内容。因此，在经费不足，实验条件受限的情况下，可以利用多媒体播放一些实验演示课件，让学生领略一些新的仪器设备和实验方法，为将来在学科领域的发展奠定基础。利用多媒体技术，建立实验教学虚拟系统，可有效满足学生的实验需求。

二、多媒体辅助实验教学的模式与实施

（一）增强学生的学习兴趣，提高课堂教学质量

学生只有对所学知识感兴趣，才会爱学习，主动学习。如何提高学生学习"分子生物学实验"课的兴趣呢？单纯依靠教师枯燥的黑板+粉笔的讲授模式已经不能适应当前学生学习的需要了，必须探索新型的授课模式。多媒体教学将声音、图片、视频等内容集合在一起，使抽象的内容形象化、生动化，有利于激发学生的学习兴趣，提高课堂教学质量。

例如 PCR 原理，通过 Flash 动画，学生可以见到整个 PCR 过程，包括变性、退火、延伸，也能观看到经过若干个循环后，DNA 片段的数量、状态。如此，就加深了对实验内容的理解，增强了学习的兴趣，提高了课堂教学质量。

（二）丰富实验教学内容

21 世纪是生命科学的世纪，分子生物学作为生命科学的基础学科，不断迅猛发展，一些新技术、新方法层出不穷。为了适应新时期人才培养的需求，就需要对实验内容进行补充和完善。由于实验课时间有限，通过传统的授课模式，不能将时间过多地放在新技术和新方法的讲授上，否则影响学生实验时间。有了多媒体课件就可以很好地解决这一难题。多媒体课件播放时间短，播放完后再利用较短时间将一些新技术和方法做成课件在课堂上演示，既较少耽误学生的实验时间，又可达到传授新技术与新方法的目的，扩展学生的知识层面。

（三）有利于提高教师的综合素质

多媒体技术应用于分子生物学实验教学，不仅要求教师有丰富的专业知识来制作课件，同时要求教师具备一定的计算机知识，并逐步学习和掌握多媒体技术，不断提高自身的综合素质。多媒体课件制作需要用到很多制作软件，如 Powerpoint、Flash、3Dmax 等。熟悉并掌握这些软件需要一定时间，对于制作课件的教师来说这也是一个学习和提高的过程。在制作课件的时候，教师需要不断学习生命科学中出现的新技术、新方法，为自身"充电"，并将这些新技术和方法适当地添加到课件中去。如何将课件中的实验内容做到重点和难点突出、播放时间安排得当、学生理解容易等都是教师必须考虑的问题。教师应该根据不同专业、不同学生的身心发展特点制作出适合学生的课件，不断调整教学方式，提高教学水平。

（四）注重多媒体实验教学软件的研制和开发

虽然将多媒体运用于生物学实验教学具有巨大的优越性，但当前生物学实验教学多媒体技术软件却非常少见，从而极大地限制了其积极作用的发挥，亟须大力进行相关软件开发。在开发这类软件时，要注意加强以下两个方面：

一是不断增强软件的交互功能。以往的多媒体软件以表述性为主，学生只是被动接受，参与感不强。应当注重开发模拟仿真实验操作软件，让学生通过交互设备，主动参与到实验当中，以提高学生的兴趣，加深其记忆。

二是软件设计的实验要与理论课及实际生产紧密相连。围绕生物学实验的教学目标，让学生在实验课的教学过程中把已学的理论知识和实际生产及研究紧密地联系在一起，培养和锻炼学生的动手能力以及独立创新的信念，让学生在实验过程中把本学科所有的知识完整地联系起来。

多媒体技术作为辅助教学手段，不能完全替代传统的教学方式。但只要应用得当，充分发挥其特色和优势，完全可以使实验实习课的功能和效果得到进一步拓展发挥，更有利于培养学生的操作技能和创新能力，提高实验教学质量。特别是在多媒体技术支撑下的虚拟现实技术，以其自身强大的教学优势和潜力，将逐渐受到教育工作者的重视和青睐，最终在生物学实验教学中广泛应用并发挥重要作用。

多媒体课件将文本、图像、动画、视频等融为一体，使原本抽象的内容变得直观、形象，方便了学生的理解和记忆，对突破教学难点、提高教学效率起到了积极的作用。因此，多媒体教学被广泛应用在教学中，特别是一些基础课程，在适应其知识的抽象性和动感特征方面，多媒体的优势更是毋庸置疑。

1. 有利于激发学生的学习兴趣

兴趣是最好的老师，它是推动学生探求知识、获取能力的一种动力。在生物学教学中，传统的教学方法是以教师讲授为主，无法为学生展现自然界生物的千姿百态，许多生物的概念显得很抽象，学生不好理解，学习难度加大，导致学生对所讲内容兴趣不大，再加上课时不断压缩，教学难度越来越大。因此，如何提高学生学习的兴趣和积极性，是生物学教师必须解决的一个问题。多媒体课件包含文字、图像、图形、活动画面等直观媒体信息，能在同一屏幕上同时显示相关的文本、图像或活动画面，并伴有音乐、声响，使学生得到传统教学中难以获得的直观知识，使抽象的知识便于理解和掌握，从而激发学生学习的兴趣和求知欲，调动他们学习的积极性。如在利用多媒体课件讲授植物细胞时，先用文字对植物细胞的定义进行讲解，然后用细胞的图片来解释细胞的组成，既有基础知识的讲授，又有图片密切联系实际，这些直观的资料能提高学生对学习的积极性，并为以后内容的学习奠定基础。

2. 有利于增加教学容量

生物学课程一般内容较多，课堂的授课时间是有限的，知识却是无限的，那如何在有限的时间让学生接受到更多的知识呢？传统的课堂教学以板书为主，占用教师大量的时间，并且，生物学课程一般挂图较多，因而会限制教学容量。应用多媒体课件可以节省书写板书和悬挂生物学教学挂图的时间，减少了教师工作量，从而可以适当地增加教学容量，多让学生了解一些知识。同时，让学生把更多的精力放在启发、点拨、解决疑难问题上，既减轻了老师的负担，又提高了课堂效率，还能使学生学会举一反三，使教学效率得以提高。

3. 有利于增强教学效果，提高学习效率

在传统教学中，学生主要通过听觉来获取知识，这在很大程度上降低了学习的效率。教育心理学知识说明，人们通过听觉获得的知识能够记忆 15%，通过视觉获得的知识能够记忆 25%，若两者同时使用，就能够接受约 65%。科学研究也证明，人们通过各种感官获得的知识比率为视觉 83%、听觉 11%、其他 6%，视听结合可获得几乎最佳的知识保持率。依托多媒体及网络技术的教学可以集声、文、图、像于一体，使知识信息来源丰富、形象生动而更具吸引力，使传统教法中抽象的书本知识转化为学生易于接受的立体多元组合形式，教学过程与教学效果实现最优化，从而增强教学效果。

4. 有利于改善教学环境

多媒体技术用于课堂教学后，教师板书的内容和时间减少，可以使教师减少吸入粉笔灰尘，减轻咽喉炎、气管炎及肺炎等职业病损害，改善了教学环境，提高了教师的身体素质。

三、生物学实验教学应用多媒体的优化策略

（一）多媒体课件内容要重点突出，主次分明

多媒体课件具有信息量大的特点，如果内容过多，学生不易集中注意力。因此，课件内容一定要紧跟实验课内容，不可喧宾夺主地占用课件篇幅。另外，在制作过程中，课件内容应重点突出，主次分明，不可将所讲的全部实验内容一字不落地全部写在课件上。实验中的难点一定要重点标注，详细讲解；其他容易理解的地方，可以简明列出。

（二）多媒体课件应与其他教学方式配合

多媒体课件具有信息量大、图文声像并茂、交互性强的特点，但是不可整堂实验课只使用多媒体课件这一教学手段。单调地使用课件，学生缺乏与教师交流，容易混淆教师的主导地位和学生的主体地位。在播放课件过程中，教师应该辅之以板书形式讲解，提出问题，激发学生的学习兴趣和参与意识，提高课堂教学质量。

(三) 不断丰富和修改课件，加强人机互动

课件内容应该与时俱进，不断修改和完善。课件应具有人机互动功能，但不能采用教师按课件上课，学生单纯记录课件内容的方式。缺少人机互动的内容，极易使学生丧失学习兴趣。因此，在制作与修改课件时，要注意人机互动，实现教学相长。

总之，多媒体课件将文字、图画、声音、动画集成在一起，具有化抽象为具体、化枯燥为有趣的优势。多媒体课件也能减轻教师备课负担，显著提高学生学习兴趣和学习积极性，提高课堂教学质量和效率。但是它本身也存在着一些缺点和不足，它不能完全代替传统的"板书+粉笔"的授课模式。只有将多媒体教学与其他多种教学手段相结合，才能发挥多媒体的最大作用，更好地为实验教学服务，提高实验教学质量。

第七章 生物教学中创新思维的培养

第一节 课堂教学中学生创新思维的培养

创新思维的培养是国家发展的需要，是全民科学素养提高的需要，更是课程改革的需要。在生物技术课堂教学中，如何构建教学模式培养学生的创新思维是个非常有价值和具有现实意义的课题。

创新思维培养包括多个方面，生物技术教学重点应培养学生的直觉思维、形象思维、逻辑思维三种基本形式和发散思维、集中思维两种基本方式，提高生物技术创新思维品质即思维的深刻性、灵活性、批判性、独创性和敏捷性。

反思教育现状，转变教学观念，改革传统的教学模式，构建创新教学模式，在生物技术课堂教学中注重学生创新思维的培养就尤为必要。创新是问题解决的最高形式，建构培养学生创新思维的生物技术课堂教学模式的理论基础，包括建构主义理论、问题解决理论和创造心理学理论等。

一、创新思维课堂教学的特征

认识事物的本质，除了给出定义外，还可以通过对事物特征的认识来把握。所谓事物的特征，即事物与其他事物的联系与区别。要科学地认识和把握事物的本质特征，就必须找到认识事物的逻辑起点。创新教育的特征是与"接受教育"相比较而言。因此，创新教育课堂教学模式的特征也是与"传统课堂教学模式"相比较而言的。

（一）情感性特征

具有创新思维特点的课堂不仅是简单的知识传授的场所，还是师生情感交流的场所，随着教育理论的提升、教学观念的变化以及社会对人才标准的提高，课堂已经由相对单调的教转变为由教师和学生共同互动、共同进步、共同沟通和交流的场所，它越来越多地承载着教育教学的各项功能，教师、学生和教学环境之间的联系越来越紧密。人与人之间的交往离不开情感的参与，人在做某件事情时，同样离不开情感的参与。在物质越来越丰富的今天，人们的精神食粮却越来越少，所以对学生来说，教师对学生的感情投入远比所教的知识来得更重要。

教与学是相辅相成的，但教学相长是要以交流、沟通、反馈为基础的，一旦缺乏情感的交流，学生和教师之间就会产生距离感和陌生感，那么学生的个性就不能淋漓尽致地表现出来，奇异的想法也不能随便地表达出来，不合惯例的需求也不能得到满足，学生创新意识和创新精神就会因得不到适合的生长环境而被埋没。

教师对学生的态度和情感直接影响着学生创新精神和创新意识的形成，教师对学生自主性的尊重、认可，对学生的欣赏感情的流露，与学生倾向于挑战、好奇心、探索精神等创新人格的形成有明显的正相关，具有创新思维特点的课堂教学强调师生情感的交流。具有创新思维特点的课堂教学中的情感性不仅是教师对学生的关心、耐心、爱心和责任心，同时也包括学生对教师的尊重、理解与信任。

（二）民主性特征

具有创新思维特点的课堂教学强调教师和学生在教学合作中拥有平等的参与权和决策权，教师和学生为了同一个目标共同努力，这个目标就是让学生的各方面的能力得到和谐发展，创新潜能得到充分开发，创新能力得到培养和锻炼。民主性的发扬有利于淡化教师的权威意识，有利于学生的批判精神和怀疑精神的形成。

这种民主性要求教师在课堂上对学生的提问、回答问题、参与讨论等，向学生提供宽松的课堂环境。教师在课后要认真听取学生对课堂教学的意见和建议，让学生参与课堂教学设计和课堂教学方法的选择。在作业布置上，激发学生的积极性，集思广益，力求能激励学生进取。在对学生评价标准的制定上，征求学生的意见，选取合理的评价标准，保证学生个体的综合素质得到公平的评价，这有利于学生个性的张扬和特长的发挥。在课堂管理方面，对于创新能力强且有个性的学生，教师可以较少利用外在的规章制度来约束自己，而是以自身的内在标准来确定自己的态度和行为。

因此，让学生参与课堂管理制度的决策，有利于学生主动积极地维护自己所制定的课堂管理规章制度。总之，民主意识会自然引发学生的参与意识，有了参与意识才会萌发创新意识。因此，民主性对学生的创新潜能的开发非常重要。

（三）开放性特征

开放课堂是一种教学模式，其特点主要包括空间上的灵活性、学生对活动的选择性、学习材料的丰富性、课程内容的综合性，因此，开放性课堂更多的是小组学习而不是大班教学。开放性课堂有助于进行批判性的探究和培养学生的好奇心，有助于促进学生自主学习、学会学习。

具有创新思维特点的课堂教学旨在培养创新型人才，真正有益于创新性人才发展的是一种能不断培养创新性人才的机制，一种有助于培养学生创新能力的教学理念和氛围。课堂教学的开放性不仅仅是指教学要与现实生活相结合，要适应社会发展的需求，还包括教师教学思想的开放、教学结构的开放、教学方法的开放、教学内容的开放、教学评价的开放。

教师教学思想的开放是引导未来社会发展力量的关键，教师的教育理念和教学思想要跟上时代的变迁。课堂教学是一个复杂的系统，教师面对着的学生、教学资源、教学环境和教学理论以及社会对人才的需求都在不断变化，要成为新时代的优秀教师就要用先进的教学理论来武装自己。"知识就是力量"在新世纪的知识经济时代已经不再适用了，"创新"和"实践能力"将成为未来推动社会的强大力量。所以，教师应及时调整自己的教学思想，引导学生健康成长。

1. 教学结构的开放

创新教育视野下，这不再是一个拥有一本教科书、一本教案和一本教学大纲就能教出优秀学生的时代了，教师不必刻意地追求课堂教学结构的完整，也不必费尽心思地在课堂教学时间内一分不差地完成本堂课的教学任务，也没有必要和所有的其他教师保持一样的进度，教案并不能预测出课堂上将要发生的事件，教师的教育机智在具有创新思维特点的课堂教学中显得更加重要。

2. 教学方法的开放

教学方法是教学过程中的重要因素，它不仅影响着课堂教学效果，还影响着学生的学习兴趣。教学方法的开放，并不是对传统"讲授型"教学方法的否定和舍弃，而是要根据教学内容、教学环境、教学资源、学生认知水平和能力发展水平，灵活选取教学方法，比如"探究式""合作式""启发式""发现式"等教学方法的选取和运用。

3. 教学内容的开放性

开放性课堂与封闭性课堂是两种不同的课堂教学形态，开放性课堂教学要求教师能结合实际情况，在深刻研究教材的基础上，对教学内容进行选择、开发和重组。对同一节课，教师能够挖掘出有利于学生进步的多层教学内容，使学科之间相互渗透，理科课堂教学同样可以对学生的人生价值、审美情趣进行关注和培养，文科课堂也同样可以培养学生的逻辑推理能力。

4. 教学评价的开放

教学评价制度的开放包括评价手段、评价内容、评价标准以及评价主体的开放。具有创新思维特点的课堂教学评价，注重终结性评价与形成性评价的结合。评价内容不仅涉及学科考试成绩，还要考虑学生的学习态度、学习方法、学习兴趣、特长、品格等其他方面的情况。教学评价还应做到评价主体多元化，评价手段多样化，评价标准合理化。

（四）创新性特征

具有创新思维特点的课堂教学模式具有传统课堂教学所不具备的前瞻性和创新性。课堂教学是一个复杂系统，影响课堂教学的因素很多。其中包括课堂管理、教学程序、课堂中媒体的应用、反馈、教学评价、课堂气氛、课堂角色、教学策略等。具有创新思维特点的课堂教学要在特有的教育教学目标的指引下，以创新的视角看待影响课堂教学的各个因素，使各个因素充分为学生的创新发展服务。

二、创新思维课堂教学流程

（一）生物现象、问题体验与呈现

让学生感知生物现象，发现生物问题，让学生获得内隐的、意会的、经验的、不可言传的生物现象与问题的相关知识，并产生怀疑的过程，激发学生的学习积极性与创新动机。

（二）生物技术相关知识的建构与联想

学生通过自学教材、网上查询、资料查阅、同学师生讨论、访问专家、教师精讲、自构概念图等多种通道，形成有关生物技术现象或问题的整体结构，构建学习、掌握概念与规律的良好认知结构。在此过程中，学生的发散思维、直觉思维、形象思维得以充分的发挥。

（三）知识结构的重组

对自己的知识建构以及对生物新情景的再认识，使学生重组知识结构，在应用生物技术知识、解决理想模型问题和真实情境的生物问题时内化知识，体现创新情感，在这一过程中，学生的元操作能力发挥了重要作用。教师要把握好"发现"成分与接受成分的关系，既要注意到"发现"教学在时间上的不足，又要考虑接受学习中的直接灌输对学生的影响，因此对学生思索时间的安排一定要合理。

（四）自我反思与综合评价

学生的自我表现监控、自我反思、自我意识的元操作能力贯穿整个教学活动，学生对生物知识的理解掌握、创新意识、创新思维的形成是通过教师与学生在自我意识的综合评价中得到反馈的，并在肯定的评价中激发学生高一层次的求知欲与创新欲。

以上四个过程是教师根据现行教科书内容灵活把握各个阶段的生物背景呈现方式、容量大小，以审视教学班学生教学起点为依据，创设适合学生"最近发展区"的生物技术教学情境。以新奇性、探索性、开放性的生物现象、生物问题、生物实验等信息启发、引导学生，及时监控学生的思维、行为，防止偏离主题和产生无价值的思维成果，保证背景知识提供方式的多样性和可选择性。

三、生物技术创新思维课堂教学的评价原则

（一）评价的目的

用学业成绩来评价学生学习的目的，对教师来讲，是为了得到学生学习的反馈，从而调整和改进教学工作；对学生来说，是为了使他们通过评价看到自己在发展中的长处，增强继续学习的信心。因此，评价的内容不仅包含学习结果，更应记录学生参加了哪些活动，投入的程度如何，在活动中有什么表现和进步等情况，即对学生进行过程性的评价。

（二）评价原则

无论教学过程还是教学成果评价，都是为了帮助学生牢固掌握科学知识和技能，培养终身学习的兴趣和探索未知世界的能力，因此评价范围应包括实验、制作、理论学习、社会调查等多方面的内容。

评价时应注意以下原则：形成性评价与总结性评价相结合，重在形成性评价；综合性评价和分解性评价相结合，重在综合性评价；特色评价与整体评价相结合，重在特色性评价；自我评价和他人评价相结合，重在自我评价。

（三）考核方式设想

检测考核方式可以口试、笔试、操作考试三者相结合进行。

1. 口试

具有预测、诊断、反馈、调节、激励等功能。

（1）进行方式

要求学生提出难题、对教学过程的问题情景下的提问进行回答或对某一开放性问题进行小组答辩。

（2）评估方法

自评和他评相结合，进行定性的等级评价。

2. 笔试

它的功能主要在于评价学生知识是否掌握知识以及相应的能力是否形成。

（1）进行方式

闭卷与开卷。

（2）评估方法

在集体评价的基础上，由教师进行综合评价。

（3）操作考试

主要考查学生的操作能力、实验能力和解决问题的能力。

操作考试的具体内容有以下几个方面：

①要求学生改进实验、设计实验或给定器材选择实验项目。

②写小论文：分给定题目和自选题目两种类型。

③对学生小制作、小发明的设想或成品进行集体评价。

（四）考试权重

根据教学内容而定，学年总成绩中口试、笔试和操作考试成绩基本以 2：6：2 的权重进行评估。

第二节　研究性学习中学生创新思维的培养

创新思维能力是一个人综合素质水平的重要体现。要培养学生的创新精神和实践能力，必须有效地改变以往以知识接受为主的学习方式。研究性学习作为一种培养学生创新思维能力的比较有效的模式，通过改变学习方式，促进以创新教育为重点的素质教育的实施。

一、研究性学习的含义

研究性学习是指在教师指导下，以类似于科学研究的方式，主动提出问题、思考问题、解决问题，获取知识和技能、形成观点和思维方法的学习方式。研究性学习是创新教育的主要教学模式之一。

由于研究性学习的主要特点是开放性和相对独立的研究性，所以它与其他培养模式密切相关。研究性学习的进行以知识、思想方法为载体，目的在于使学生体会到课程是具有探究性和创造性的学科，使学生体会和学习如何提出问题、分析问题和解决问题，从而体会和掌握课程的科学研究方法、思想方法、逻辑方法、表达方法，并从中掌握相应的知识等。

二、研究性学习与创新思维的关系

"研究性学习"，顾名思义是以问题研究为特征的，在教学过程中创设一种类似科学研究的情景和途径，让学生通过主动的探索、发现和体验，学会对大量信息的收集、分析和判断，从而增进学生的思考力和创造力，这与传统的"填鸭式"教学完全不同。

在国外这也叫项目课程、主题研究、专题研习等，是 20 世纪 80 年代末以来国际教育界普遍推崇和大力实施的一种新课程。研究性学习课程作为一个独具特色的课程领域，已被引入我国教育课程体系，是我国当前教育课程改革的一大亮点。

研究性学习是一种从学习者个体发展的需要和认识规律出发的学习方式。其实质是学习者对科学研究的思维方式和研究方法的学习运用，通过这样一种基本形式和手段，培养创新意识和实践能力。因此，在教学中，要求教师结合教学实际创设问题情境，把问题设计成开放式的、具有研究意义的题目让学生去研究。

研究性学习对于培养学生的创新思维有着显著的优势。因为通过研究性学习可以避免过分注重老师讲，学生听，老师直接下结论，学生不假思索地当成真理的现象。老师和学生都可以对所学知识进行分析评价、质疑问难，打破了对科学知识的绝对化观念，打破了对科学知识的迷信，从而形成探索的、发展变革的观念，而且促进师生间、生生间的平等交流，有利于学生克服心理和语言障碍，避免了学生听催眠曲现象，使学生心理处于放松状态，易于激发每个人思维活动的潜能。

三、研究性学习的特点

研究性学习是通过问题解决的方法发展问题解决能力的一种学习形式，是在教师的指导下，学生从学习生活和社会生活中选择和确定研究课题，运用类似科学研究的方式主动获取知识、应用知识、解决问题。这种学习方式的特征是：

（一）开放式问题

这里的问题没有单一的答案或所谓的标准答案，解决者可以以不同的观点、从不同的角度来解析问题，发现多元的、复杂的原理。

（二）真实性情境

这是研究性学习的生命线。这种学习方式不再是单一的、理论化的书本知识，而是向学生呈现人类群体的生活经验，并把它们纳入学生的"生活世界"中加以组织，使文化进入学生的"生活经验"中。

（三）渐进式解决

师生以渐进式的步骤共同介入问题解决过程，问题解决的过程大体囊括了问题设定、问题探究、问题的解决与表达三个阶段。

（四）发展性评价

这是一种尊重个体差异并以学生实际发展为基础的注重学生个性化反映的评价方式。

可见，研究性学习把培养学生发现问题、研究问题、解决问题的能力摆在十分突出的位置，把学生置于一种动态、开放、多元的学习环境中，给学生更多的获取知识的方法和渠道，让他们在自主、合作和探究式的学习中获得新的体验，这必将有效地促进学生学习方式的根本变革。

四、生物技术教学与研究性学习

在培养学生创新能力时，寻找合适的内容作为研究性学习的载体，尽力为学生营造创新氛围，让学生在自主活动中学会创新，促进学生创造性思维的培养，提高学生的创新能力。

（一）培养学生生物技术研究性思维的意义

1. 培养学生的独立思考能力

生物技术具有理论性、抽象性强的特点，这就要学生多思考、勤研究，然而学生懒于动脑去把书本的知识点的来龙去脉搞清楚，自己做错的典型例题懒于去整理，不去分析原因，这些对于今后提高做题效率而言很重要的过程，学生往往都忽略了。只有加强学生的独立自主能力，才能解决学生的思维欠缺问题。

2. 培养学生创新思维

创新能力是生物技术学习中的一种重要的能力，依靠概念、判断、推理并应用猜想、想象获得发现和进行创造的能力，创造性要求思维者具备合理的认知结构、良好的心理条件、敏锐的观察力、强烈的好奇心、高昂的情绪、积极的思维状态和坚强的意志等。在课堂上，教师带领学生体验生物发现和创造的历程，发展他们的创新意识，运用好现行教材，着眼于创新素质的培养，把陈述性知识转变为探究性的素材。因此，教师的作用不仅仅是为学生"解惑"，有时要把学生引入"歧途"，然后让他们自己去寻找出路，培养创新思维能力。

（二）生物技术研究性学习的实施方法

1. 基于教材内容的研究性学习

生物技术常规课堂教学也可以融入研究性学习。将教师讲解变成设疑、激趣、探究、讨论、总结的新型课堂，充分调动学生的参与意识，培养学生的探索精神，启迪学生的思维，使学生能在自然、主动的氛围中掌握知识，这是实施研究性学习的常态方法。

在布鲁纳的"发现学习"理论中，布鲁纳认为以基本教材为内容，使学生通过发现的步骤来进行学习是符合人类认知规律的有效学习。课本中的研究性学习课题的选择主要是对某些生物技术问题的进一步探讨，或者从生物技术角度对某些日常生活中和其他学科中出现的问题进行研究。

2. 与社会实践相结合的研究性学习

在生物技术研究性学习中，社会实践是重要的获取信息和研究素材的渠道。加强研究性学习与社会、科学和生活实际的联系，能活化研究学习资源，提高教学的真实性，提高研究性学习的质量。离开社会实践的研究性学习实乃无本之木，无源之水。

3. 在过程中传授方法

在进行课题研究之前，首先应根据课题研究的领域、对象、手段的差异，相应地确定合适的方法，如实验法、观察法、调查法、统计法、文献研究法、个案分析法、比较研究法、模拟调查法等，都是生物技术研究性学习的基本方法。

4. 在情境中思考

研究性学习一般以小课题研究为主要形式，模拟科学研究的情景和过程，强调在学习过程中的参与。在课题的选择上应注意新颖性和思考性，研究时注意开放性和自由性，否则易把学习过程弄得无趣、呆板和狭隘。

教师应注意引导学生不断发现和提出问题，在提出问题的基础上，要求学生用已有的知识、经验从不同角度进行不同层次的思索和假设，多方位地探求解决问题的途径，再探究其合理性。

五、对研究性学习的评价与反思

第一，研究性学习在我国开设的时间虽不太长，但也不是刚刚起步。但有的教师仍然对研究性学习不太熟悉，甚至比较陌生。即使开设，时间和设施有时还是得不到保障。

第二，造性思维的培养可以渗透到研究性学习的每个过程甚至是各个环节中。学生在研究过程中对问题的发现、别样的思维、创造性的建议、与众不同的设计方案等，都是他们创造性思维的体现。由此我们可以想到，其实，只要我们的家庭、社会和学校能给学生创造民主的气氛，能给他们功课和作业之外的时间以及学校、家庭之外的空间，他们可以做得更好。

第三，创造性就像种子一样，它需要一定的环境，包括土壤、气候和科学的灌溉、施肥。教育工作者就是要去创造这样一种适合培养学生创造性的环境。在实践的过程中，经过自己的亲身实践才明白：任何形式和内容的专门训练都会引起个体发生或多或少的变化，绝对的否定训练和一味的崇拜训练都是不可取的。当然，我们所说的教会学生思维的活动指的是那种在科学理论的指导下，遵循一定的程序，对思维能力进行的有系统的旨在提高学生的思维水平的活动，随意的指导和培养并不是严格意义上的思维训练。从不断积累的事实和已有的研究成果来看，"思维是教不会的"和"思维是不需要教的"这样两个假设都具有明显的片面性。因此，思维能力可以通过训练而提高。

第四，创造性思维是一个动态的、复杂的、多元的系统，它的影响因素涉及家庭、社会和学校，从学科角度来说涉及脑科学、思维科学以及相关的心理学等。因而，对学生创造性思维的培养不是一朝一夕可以完成的，也不是某门课程可以单独完成的。

第三节 课外活动中学生创新思维的培养

一、生物课外活动的含义

生物技术课外活动是指在生物技术课堂教学之外，一切有目的、有计划、有组织地对学生进行的多种多样的生物知识教育的活动。活动必须由老师负责组织和指导，学生自愿参与，它是生物技术教学活动的重要组成部分，是一种理论和实践相结合的教学形式。学生在活动中可以获得各种信息，发展个性，培养兴趣爱好和劳动观念，训练各方面的能力，陶冶情操，锻炼意志。总之，在生物技术课外活动中，学生的德、智、体、美、劳各个方面都能得到发展。

因此，开展生物技术课外活动是生物技术课程培养目标和贯彻党的教育方针的需要，是生物技术教学改革的需要，是学生生理和心理发展的需要，是变封闭式教育为开放式教育的需要。同时，生物技术课外活动是课堂教学的延伸，是学生发现问题、分析问题、解决问题的锻炼机会，对于培养学生的创新精神，提高学生的综合素质具有非常重要的意义。

生物技术课外活动是一个更生动、更广阔、更富吸引力的大课堂，给学生创设了研究性学习机会，让学生通过课外活动主动探索、发现和体验，学会对信息的收集、分析和判断，从而培养学生发现问题、分析问题、解决问题的能力。

二、课外活动的特点

课外活动具有活动定位清晰、活动目标明确的特点，这些活动不仅丰富学生的课余文化生活，还具有很强的教育引导作用。参与其中的学生在课外活动中能够自觉地接受活动组织者预设的目标导向，在活动中感受氛围熏陶、接受文化塑造，最终达到提升素养的目的。

另外，课外活动因其具有不同的目标导向和更适合青年学生的自身特点，所以更易于被兴趣、爱好不同的广大学生所接受。课外活动具有内容广泛、形式多样的特点。只要是符合学校的教育教学规律的活动，都可以作为课外活动的内容。由于活动内容丰富，并且主要以兴趣爱好为导向，使大部分同学都可以在其中找到适合自己参加的活动，能极大地激发参与者的热情，更广泛地调动学生参与的积极性。

作为课堂的延伸和补充，课外活动在提高学生实际动手能力和社会交际能力方面起着至关重要的作用。课外活动能创造特定的工作环境与交际活动情境，使学生充分发挥主体性、能动性和创造性，促使学生的实际动手能力与社会交际能力的和谐发展以及学生素质的全面提高。社会交际能力不仅包括对一种语言的语言形式的理解和掌握，而且还包括对在何时何地、以何种方式对何人使用恰当的语言形式进行交际的知识体系的理解和掌握能力。

课外活动内容的多样性和学生参与的广泛性，决定了学生在参与活动后收益的综合性。首先，在课外活动中，不同的角色收获是不同的：组织者收获了领导、沟通、组织等能力；参与者在活动中感受着氛围熏陶和文化冲击，提高了自身的综合素质。其次，课外活动对学生的影响是潜移默化的，既有即时收获，也有潜在影响。通过长期的影响，这些氛围会潜移默化地提高学生的综合素质，提升他们的文化底蕴，养成学生独特的气质特征，进而提升学生的价值判断能力和思辨能力，为学生的全面发展创造了条件。

三、实施生物技术课外活动的策略

（一）鼓励学生参与实验

传统课外活动教学中，一般都是由教师演示，并用讲授的方式，把和课外活动相关的知识传授给学生，学生基本没有参与的机会，这就严重阻碍了他们创新能力的提高。

教师在课外活动课上，一定要帮学生克服心理障碍，让学生动手去做，只有亲身经历过，印象才能更深刻。在课前，教师要强化课外活动步骤的记忆，或是在学生做课外活动时加以提醒，让学生动手操作时不致出错。对胆怯的学生，要给予鼓励和信任，让他们放手去做，做不好不批评，做错了不指责。要让他们明白动手的过程就是学习的过程，即便是错误百出，依然会有收获。另一方面，培养学生参与课外活动的热情，还要引起他们对学习生物技术和对课外活动的兴趣。

生物技术是一门内容丰富、涉及领域较多的科目，教师可以结合生物技术的学科特点和班级学生的实际情况去诱发学生的兴趣点，激发学生求知的欲望。其实，人类的兴趣是与好奇心紧密相连的，抓住这一关键，教师可以把深奥的知识和浅显的生活现象相联系，让学生产生好奇心，使他们感到新鲜，通过课外活动把枯燥无味的知识变得生动有趣。特别是一些让学生意想不到的课外活动和结论，更能激发学生的学习兴趣。学生有了兴趣，自然会主动参与到课外活动中来。学生的参与才是课外活动课最大的成功，有了学生的参与，教师培养学生的探索精神和动手能力才有了可能。

（二）课外观察，拓宽视野

创新思维是以丰富的知识和深刻的认知为基础的，生活就是个大课堂，能带给学生无穷的知识。

生物技术现象在生活中随处可见，生物实验也就可以不局限在课堂上。教师要鼓励和引导学生把学到的实验原理运用到生活中，仔细观察周围的事物的表象，选择生活中常见的物品作为实验材料，去验证一些生物结论。把实验和实验原理引入到生活中，让学生自己去发现问题、思考问题并解决问题，不仅能巩固所学的知识，帮助学生去理解深奥的生物知识，还能拓展他们的视野，使他们活学活用，培养知识迁移的能力和解决问题的能力，从而增强创新能力。

（三）鼓励小创作、小发明

课外科技活动是课堂生物实验的延伸，是学生动手、动脑，发挥自主创造精神的有效阵地，它为创新思维的形成提供了良好的环境。发动学生进行小发明、小制作，让他们利用所学的生物知识来解决实际问题，能有效地培养学生对知识的应用能力和动手能力。同时，参加发明创造活动，使学生感觉到发明创造不再是不可能的事，从而激发学生的创造动机和创新热情，在不断提高学生运用知识的这一能力的基础上，发展学生的个性特长，培养创新技能。

创新意识的培养不是一朝一夕的事。首先，教师要摒弃陈旧思想，改变传统教学模式，给学生提供一个创新课堂的环境。在更新理念和提高教学质量的同时，还要培养学生对生物技术、生物实验的兴趣，鼓励学生敢于尝试、积极探索、勇于创新，不但要传授给学生生物技术的知识，还要传授给他们学习方法，并培养他们思索的能力，让创新之花尽情开放。

四、课外活动对人格发展的意义

从创造性人格的内涵、影响成因可以看出，学生课外活动对于创造性人格的发展起着主导作用。

（一）创造性人格发展主要来源于客观环境

环境是推动学生创造性人格发展的重要因素，创造性发展就是主体的创造潜能在一定的客观环境中逐步发展并得到实现的过程。那么，校园文化这一环境因素则发挥了主导作用。

在高等教育中，创造性教育是一项复杂的工程，它要求我们营造一个能充分激发创造潜能的客观环境，将课堂教学作为创造教育的主阵地，同时开设形式多样的课外活动，促进学生良好品德的形成，优化知识结构，推动智力能力、专门能力、创造能力的提升。真正的创造教育必然是在中等教育的所有活动中体现出来的。

（二）创造性人格借助课外活动得以发展

实施创造性教育时要辐射全体学生，而课外活动的多重特质恰好为这一教育过程提供了良好平台。整体性是课外活动的一个重要特质。它打破了专业的局限，着眼于学生的整体发展，它需要的不仅仅是某一个学科的知识，而是对多个学科和多种能力的整体把握和运用。

学生的创造性发展正是学生通过对各学科、各专业知识的整体运用而不断获取新知、认识自我、探究世界的。通过参加课外活动，学生们可以从实践中发现兴趣，突破专业的局限，并学会处理与社会、与他人、与自我的关系。这一过程，正是人际交往、心理成熟和创造性发展的过程。

课外活动具有自主性。学生创造力的发展很大程度上取决于主体性的发挥和实现程度。每一次课外活动，从活动策划、经费筹措到人员参与、结果呈现，都是以学生为绝对主体的。在这一过程中会有新的目标生成，新的问题产生，都需要学生发挥主观能动性自主处理和解决。课外活动以学生的兴趣、爱好为出发点，充分尊重学生愿望的表达和实现，为学生的自主发展提供了良好的土壤，而开放的活动内容、活动形式和活动过程，也为创造性发展搭建了舞台。

课外活动具有现实性。课外活动都是以学生的现实生活和社会实践为基础开展的，它面向学生的整个生活世界，给学生创设许多问题情境，帮助学生在现实生活中探究和思考，引导学生自觉地把直接经验和间接经验相结合。正是因为课外活动的现实性，激发了学生在实际生活中学会发现、学会探索、学会创造。

（三）创造性人格只有在群体中才能得到发展

学生课外活动是由学生自发组织的，由某种共同注意中心或共同利益短时间聚集在一起进行的群体活动。从学生这一社会群体的特点来看，不管参与活动的个体是谁，他们一旦形成了活动群体，有些思想、行为和感情就会变得与他们单独一个人时不同，若不是群体的形成，有些闪念和思考在个人身上根本就不会产生，或不可能转化为行动。可见，课外活动的群体性现象对学生的影响主要通过人际交往来实现，创造性也只有在人际交往中才能形成和发展。

第四节 现代教育技术与生物技术教学的有机整合

现代教育技术与学科教学的整合是当前教育改革的一项崭新研究课题，在实际教学过程中如何合理、有效地利用现代教育技术，改变传统的教学方式，培养学生的自主学习、信息素养、实践能力等多种综合素质，已成为教育技术研究者和广大基层教师关注的焦点。

一、现代教育技术的概念

现代教育技术就是运用现代教育理论和现代信息技术，通过对教与学过程以及教与学资源的设计、开发、利用、评价和管理，以实现教学优化的理论与实践。

现代教育技术的功能可以概括为：一个目标，即促进了学习；两个运用，一是运用现代教育教学思想，二是运用现代教育技术的媒体；两个优化，是指优化教与学的资源，优化教与学的过程。

现代教育技术集多种媒体功能和网络功能于一体，将文字、数据、图形、声音、动画等信息有机地组合，交互地传递。从功能和技术上看，它既能通过人机交互主动地发现、探索、思考，又能充分发挥网络技术的特长，实现人与人之间的互动交流，从而提高学生的创造能力和认知能力。

二、现代教育技术的构成要素

（一）经验形态现代教育技术要素

经验形态现代教育技术要素，主要是指在现代教育技术的实践中总结、应用的经验和技能这些主观性的技术要素。经验、技能是最基本的技术表现形态。一般说来，经验是人们在长期实践中的体验，而这种体验主要是在生产过程中对生产方式、方法等直觉体验的积累和综合。

在教育领域中，有的教师并不曾系统学习过教学设计的基本理论，但在教学实践中通过不断探索和总结，仍然可以归纳出一套如何选择教学媒体、如何有效使用各类媒体的教学模式，通过掌握学习过程的规律，合理运用教学策略。掌握这种教学技术，需要经过一个从不自觉到自觉的变化过程。这种变化的结果就形成了经验形态的现代教育技术。

技能则是以技术知识、劳动工具和经验为基础，在劳动过程中所表现出来的主体活动能力。这种能力是由若干行为组成的体系，它包括技巧、诀窍等实际知识，是人们在生产中的主要活动方式。在教学过程中培养出来的技能，如学生的计算机操作技能，教师对教学信息的设计、开发、利用、评价和管理技能，以及教师的课堂教学技巧等都在教育技能范畴之内。这种经验形态的现代教育技术非一日所能练就，需要长期积累，逐渐培养。

（二）物化形态现代教育技术要素

主要指以教学工具和教学机器为主要标志的客观性技术要素。从某种意义上说，有了教学活动，也就有了教学工具。只不过古代是通过"口耳相传"的方式，后来才出现了如书本、黑板、幻灯机、投影仪、电视机及计算机等人为替代物。

时至今日，计算机终于能够大规模地进入到教学实践领域，为现代教育技术注入新的生机。计算机所具有的双向交流性，便于进行人机对话，特别是目前发展迅速的多媒体技术、虚拟技术、人工智能技术等，使计算机教学越来越接近人类教师的教学，从而为我们提供了一个真正意义上的个性化教学的机会。

三、现代教育技术与课堂互动教学模式

运用现代教育技术构建的课堂互动教学模式，是对已有的各种教学模式进行反思后提出来的。它是以先进的教育思想和理论为基础，充分发挥和体现了现代教育技术的优势，打破了传统教学模式中师生的关系、媒体的作用及教学活动的进程，在教学实践中不断地进行修改、补充和完善。

教学模式是一种反映或再现教学活动现实的理论简化形式。因此，要理解课堂互动教学模式的内涵，就必须清楚地解析互动及互动教学这一教学活动的含义，才能使课堂互动教学模式有效地实施。在此，有必要声明，我们提到的所有课堂互动教学都是在现代教育技术的"双翼"——现代教育思想、理论和现代信息技术的支持下进行的教学活动。

（一）课堂互动教学的含义

"互动"是社会学和传播学中的概念，将它引入教育教学领域是学科间的融合和对教育教学理论的发展。在社会学领域，它是指社会中个人与个人、群体与群体之间由于各种

关系存在而产生的相互影响、相互作用的方式和过程，是人的社会关系的动态表现，也是各种复杂多样的社会现象产生的根本原因。

在传播学领域，它一方面指信息的相互沟通、相互交换、相互创造、相互分享；另一方面是指各种传播要素之间的相互制约、相互影响和相互作用。学校是社会中的特殊组成部分，教学过程是个特殊的传播过程。课堂教学正是在教师和学生的特殊社会交往和教学信息传播过程中实现其教学目标的。因此，我们将课堂互动教学理解为：在课堂教学环境中，师生之间、学生之间及人与媒体、环境之间，在教学传播过程中通过对信息的交换、沟通与分享、创造而产生的相互作用的方式和过程。

在我们的课题实施过程中，由于是在现代教育技术理论的支持下进行的课堂互动教学，因此互动网络体系中互动的要素、环境、内容都发生了变化，且互动的方式除了传统课堂教学中人与人之间的互动外，还有人与媒体之间、人与在媒体影响下的环境、内容之间的互动。

（二）课堂互动教学的方式及类型

基于上述对课堂互动教学的理解，我们分析在现代教育技术支持下的课堂互动教学方式有：人际互动，人内互动，人与媒体、环境之间的互动。其中人际互动主要包括师生互动、生生互动。

师生互动是指教师和学生个体之间或与学生群体间的相互作用和影响，主要是通过师生相互问答、相互评价、反馈、激励及合作等活动形式实现的互动。

生生互动是指学生个人与个人、个人与群体、群体与群体之间的相互作用和影响，主要是通过小组讨论、互相评价、相互反馈、互相激励、互帮互学、互为师生等合作学习的活动形式实现的互动。

人内互动主要指学生内部对信息的加工构建，是学生个体对信息内向传播的过程。

人与媒体、环境之间的互动主要是指师生与计算机友好的交互界面进行的互动或与媒体创设的环境、教学氛围之间进行的互动。主要表现在各种媒体信息和环境对学生个体知识建构的影响和学生对环境的影响。为了便于指导教师在教学过程中把握和控制各种互动方式，并进行教学效果的观测，我们又将课堂互动教学分为外互动、内互动，认知互动、情感互动，平等与不平等互动，正互动与负互动等多种类型。

四、现代教育技术对生物技术教学的意义

生物技术是一门以实验为基础的自然科学，它的研究方法通常是在观察和实验的基础

上，对生物现象进行分析、抽象和概括，从而建立生物概念和定律，进而形成生物理论，然后这种理论再回到实践中去经受检验。由于生物技术具有这种实践性强、抽象概念多的特点，因此它是学生感到学习困难的一门学科。

因此，直观教学在生物技术教学过程中占有非常重要的地位。传统的直观教学主要是运用演示实验、教学模型和教学挂图等教学资源进行的。但这些教学资源有较大的局限性，如有的可见度小，有的演示现象瞬息即逝，有的限于条件演示效果很差；挂图所提供的只是静止的画面，对讲解现象的过程很不适用；模型本身又不易拆开，工作时各部分的活动情况不易看清楚等。正因为这些局限性，使学生对许多生物知识的理解不能充分建立在直观感知的基础上，因此教师感到难教，学生感到难学，而采用现代教育技术的教学手段可以突破这些局限性，弥补传统直观教学手段的不足。

从认识论的角度看，学生对事物认识过程的起点是对事物的感性认识。在生物技术学习中，学生由于无法理解一些抽象的理论，而对生物技术产生一种畏惧的心理，阻碍了他们学习生物的兴趣，但应用现代教育技术就可以直观地再现并方便解释一些生物现象和规律。

21世纪是信息时代，对于在学校里学习的学生，也应该培养他们处理大量信息的能力。因而，在课堂教学中教师应该向学生提供更多的信息、更多的资料及生物技术学科的发展现状，来扩展学生的知识面。

多媒体的直观性也大大缩短了教学难点的突破过程，教师就有了更多的时间讲解相关的知识及其实践应用，引导学生理论联系实际，丰富课堂教学内容，从根本上改变了过去"满堂灌"的教学弊端，给学生较多自由时间复习巩固，优化了课堂教学，增加了课堂的信息量。

传统的生物教学过程中，主要是教师讲，学生听，不利于学生个性的培养。应用现代教育技术能够真正改变学生和教师的地位，使学生成为学习的主体。当学生有问题时，可以及时提出或利用计算机网络与同学讨论，多渠道寻找解决问题的办法。当学生对某个生物现象有自己的观点时，也可以让大家讨论和交流，最终教师进行解答，在这样的双向交流中学生的思维更加活跃，有利于培养学生的创新意识，实现学生主体教师主导的现代教学思想。

可见，应用现代教育技术于生物技术教学中，有助于把握教学中难点的突破和重点，符合当前教育发展趋势，为教学方式的顺利转轨提供了一种新模式。

五、现代教育技术在生物技术教学中的应用

（一）作为一种工具

1. 计算工具

计算机无与伦比的信息处理能力可以实时反馈输入信息的运算结果。在设定程序的控制下，通过人机信息交互，计算机实时自动地将控制变量的结果成批输出，极速准确地处理复杂信息，把人从机械烦琐的重复工作中解放出来，便于我们进行更为高级的思维活动，这显然更有利于从深层次提高教学的效率和效果，激发人的高级潜能。

2. 应用工具

在生物技术的教学中，教师可采用基于网络环境的任务驱动式的自主学习模式，使学生在完成预设任务的过程中理解生物概念，探索生物规律，学习获取知识的方法，锻炼计算机操作技能，以培养学生自主学习、协作学习的习惯和品质。例如，在以研究性学习为基础，带动和促进生物技术课程的综合实践活动中，可让学生在应用生物知识去解决身边真实存在的问题时，将计算机技术作为重要的手段，协助记录数据、分析处理数据、交流成果，利用计算机进行学习和在网上搜索、获取、处理知识信息，提高学生自身的综合能力，使信息技术真正成为他们自主学习的工具。

3. 采集工具

使用计算机接口技术，将温度传感器、压力传感器、光传感器、声传感器等采集的模拟信号用模数转换装置转换为计算机能识别的二进制信号，再将传入的信息经过配套软件自动处理，就变成了我们需要的相关数据。计算机自动采集数据的特点是精确度高，时效性强，采集量大，处理和输出灵活方便。

基于计算机技术的数字信息系统实验室，实现了将传统的生物实验教学从"模拟教学模式"向"虚拟教学模式"的革命性转变。这是在传统的实验室仪器设备的基础上，通过加载智能化的传感器、数据采集器和实验分析软件包构成的新型实验系统。

4. 交流和协作工具

现代信息技术的使用给教师的教和学生的学带来了更为广阔的交互空间。通过网络，教师可实时监控学生信息，随时了解学生的学习过程并及时指导，也可以通过电子邮件、聊天室或博客等进行内部和远程交流。通过在线方式，同学之间、师生之间甚至校内与校外都能进行零距离的交流与协作，完全淡化了"学校"的概念，实现了全新意义的开放式

学习。

（二）作为一种资源

1. 专业的教学资源

作为校园网的重要构成部分，教学资源库是必不可少的。投影幻灯片、挂图、录像带、视听光盘、多媒体课件等都是常用的课程资源。专业的教学资源库容量大、综合性强、检索方便，一般包括教材库、素材库、教案库、试题库、软件库、娱乐库等，这为教师备课、学生自学提供了丰富的"口粮"。

2. 个性化的教学资源

开放、共享、可扩展的网络系统为教育资源的积累和二次开发提供了便捷的接口。我们可以用扫描、键盘输入、转换等手段将个人和集体多年积累的有价值的教学经验、教学手记、珍贵资料、照片等进行整理和数字化处理，建立校本资源库，有效延续我们的传统特色，形成独特的个性资源。

3. 互联网资源

首先，互联网是一种信息资源。网络资源信息量大、素材多、传递速度快，资料的查阅与索取不受时间、空间的限制。在网络上查找所需要的资料素材，方便快捷，便于编辑和修改。

其次，互联网是一种智力资源。互联网提供了一个开放的交流环境，在这里，我们虽然相隔万里，但也好像近在咫尺。我们也许素昧平生，然而我们却一点也不觉得陌生。因为这是一张思想的网、智慧的网、平等自由的网。通过这张网，我们可以交流思想、感情、学习、人生感悟。在网上，有无数的朋友也有众多的老师。

六、当前生物技术教学中应用现代教育技术应注意的问题

多媒体技术应用于生物技术课堂教学，可以更方便地提供给学生直观、生动、形象的教学资源，更好地创造生物技术教学情景，提高学生对生物现象和生物技术问题的兴趣，从而激发学生学习的主动性，突出教材的重点和难点，提高教学效率。在教学效率提高的同时课堂教学容量也得以扩大。

（一）重视传授教材知识，轻视培养推理分析和能力

在传统的教学模式中，教师利用讲解、板书等有限的教学手段向学生传授知识，教学

效率比较低下，运用多媒体技术可以增加课堂教学容量。但是，我们教育的目的不是单纯地让学生学到尽可能多的文化知识，更重要的是让学生学到有效学习的方法。生物技术是一门以观察和实验为基础的具有方法论性质的且具备普遍适用、结构严谨、精密定量等特点的自然学科，教师在进行知识传授的同时，要充分发挥生物技术学科的特点，努力提高学生各方面的技能和能力，培养学生具有健康的情感、意志、兴趣等非智力因素。

当然，交互式生物课件的设计制作比较费时费力。但是从长远来看，高质量的教学课件会使教师的教学变得更加如鱼得水。我们在设计课件时要考虑如何更有效地启发学生思考，提高学生分析问题和解决问题的能力，避免把结论直接呈现给学生。

（二）重视教师教，轻视学生学

教学过程是由教师、学生、教学内容、教学媒体等要素组成的开放系统。对于教学过程目前没有大家都接受的统一、完整的定义，但主要精神是明显的，大家普遍认为：教学过程是学生在教师的指导或引导下，通过自己的学习活动来掌握文化科学知识，发展认识能力，形成科学世界观和良好的道德品质的过程。

中国多年来的传统教学也被称为"填鸭式"教学，教学过程只是教师利用语言、板书等简单的教学媒体向学生传授教学大纲规定的教学内容的过程。传统教学过程只重视知识的传授，忽视了学生能力和非智力因素的培养，学生学习的主体性和能动性没有得到很好的发挥。因此，教师在进行生物技术教学时，一定要关注学生的实际情况，根据实际情况选择教学内容、教学媒体、教学方法。计算机技术的运用应能够帮助学生学，不能仅仅是方便教师教学，多媒体技术绝不能成为教师向学生灌输知识的工具。

（三）重视外在形式而忽视教学实际需要

在教学过程的各个要素中，教学媒体的运用总是服从于教学方法，并最终受教学内容制约。只有那些与教学方法有机结合，有利于理解和运用教学内容的教学手段，才是有效的手段。再先进的手段如果脱离了教学方法和教学内容，也会成为华而不实的无效手段，无助于教学目标的实现。

当前一些教师在进行多媒体教学时，不是根据教学内容、教学方法的实际需要设计课件，而是考虑如何才能提高画面的观赏性，把课件的观赏价值作为制作课件的标准，而不是考虑解决具体教学问题的实际需要。利用传统的教学方法就很容易依赖多媒体计算机进行讲解，甚至把简单的问题复杂化，走向了教学的反面。

（四） 缺乏适用于多媒体教学的教学方法

教学内容、教学方法、教学媒体是教学活动中紧密联系的有机整体。当前我们努力实施素质教育，重点是进行课堂教学的改革，因为课堂教学仍然是素质教育的主阵地。

教学内容、教学方法、教学媒体三者在课堂教学中各自具有不同的地位和作用。其中教学内容是教学改革的重点，也是课堂教学的基础。教学方法则是课堂教学的关键，它直接决定教学质量的高低。而教学媒体只是课堂教学借助的工具，是课堂教学的辅助因素，它服从、服务于教学内容和教学方法的改革。

（五） 重视观摩评比，轻视推广应用

计算机多媒体应用于生物技术课堂教学，是为了提高生物技术教学质量和教学效益。计算机作为一种新的教学媒体，被教师掌握和广泛运用是需要一个过程的。为了促进使用计算机进行教学，一些教育主管部门开展各种各样的教学评比和教学检查，由于评比和检查的标准还不是很科学，出现了在教学比赛中争先使用多媒体进行教学的现象。不考虑课堂教学的实际需要，谁在教学过程中用了多媒体计算机辅助教学，就会得到领导的肯定和表扬，于是以多媒体计算机作为主要教学手段的各种公开课、示范课变得数不胜数。

然而，利用计算机进行教学需要消耗教师大量的精力去制作课件。这必然耽误教师在当前教育实际状况下向学生传授、巩固教材知识的时间，学校的教学成绩在短时间内就上不去，校长就无法向上级主管部门、学生家长交代，学校的生源就保证不了，正常的教学活动就无法进行。作为教师，我们应该在积极运用现代化教学手段的同时，加强教学方法改革的理论和实践研究，使教学手段、教学方法与教学内容有机结合。同时消除形式主义的影响，扎扎实实地研究教学，根据教学的实际需要，充分、合理地运用多媒体教学。

参考文献

［1］朱琦，苗素平，陈怡．生物教学模式与实验创新［M］．长春：吉林人民出版社，2017．

［2］张笑斐，朱继刚，蔡冬景．寓德于教高中生物教学中的德育渗透［M］．青岛：中国海洋大学出版社，2021．

［3］杨太林，蓝温，欧阳华．生物课堂教育与教学方法研究［M］．长春：吉林人民出版社，2021．

［4］张择瑞．中学生物课堂教学与评价策略［M］．合肥：合肥工业大学出版社有限责任公司，2021．

［5］毛剑梅．基于核心素养的生物学教学设计与实践［M］．长春：吉林人民出版社，2021．

［6］丁忠．高中生物高效课堂教学与有效性研究［M］．北京：中国原子能出版社，2021．

［7］刘荣，付宜红．基于核心素养的高中生物学教学［M］．重庆：西南师范大学出版社有限责任公司，2021．

［8］李绵利，岳守秀，石晓艳．初中生物教学模式与创新思维［M］．长春：吉林人民出版社，2020．

［9］邵淑丽．生物课堂教学组织与管理［M］．哈尔滨：黑龙江大学出版社，2020．

［10］韩丽红．生物化学及其教学新思维［M］．长春：吉林科学技术出版社，2020．

［11］张树峰．高中生物学项目式教学实践研究［M］．济南：山东科学技术出版社，2020．

［12］郑铁生，谢圣高，鄢盛恺．临床生物化学检验教学与考试指导：第2版［M］．北京：中国医药科技出版社，2017．

［13］汤德元，曾智勇．生物多样性及其保护生物学网络教学平台的设计与实践［M］．贵阳：贵州大学出版社，2020．

［14］马霞，魏述众．生物化学：第2版［M］．北京：中国轻工业出版社，2020．

［15］徐勇．核心素养与中学生物教学［M］．成都：四川大学出版社，2019．

[16] 肖麟. 高中生物教学有效性探讨 [M]. 长春：吉林人民出版社，2019.

[17] 崔鸿. 信息技术与初中生物教学的融合与创新 [M]. 武汉：华中师范大学出版社，2019.

[18] 张彩云，段启辉，万玲敏. 微课堂与高中生物教学结合的路径探析 [M]. 长春：吉林人民出版社，2019.

[19] 黄玮. 高中生物结构化教学 [M]. 广州：华南理工大学出版社，2019.

[20] 蔡敬辉. 高中生物多元目标与教学策略 [M]. 福州：福建教育出版社，2019.

[21] 樊晓云. 多样化教学方法下的中学生物学教学研究 [M]. 长春：吉林人民出版社，2019.

[22] 苏明学. 基于学科本质的生物学教学 [M]. 北京：光明日报出版社，2019.

[23] 王运贵. 高中生物学学科核心素养教学指导 [M]. 青岛：青岛出版社，2019.

[24] 陈坚. 生物教学理论与设计案例研究 [M]. 北京：九州出版社，2018.

[25] 邓可. 中学生物实验教学研究 [M]. 北京：中国农业大学出版社，2018.

[26] 彭静静. 生物技术教学模式与思维创新研究 [M]. 长春：吉林人民出版社，2018.

[27] 任艳玲. 现代生物学理论与教学改革 [M]. 北京：北京工业大学出版社，2018.

[28] 吴绍艳，何秋伶，江舟. 生物化学教学与思维创新 [M]. 沈阳：辽海出版社，2017.

[29] 骆建敏. 细胞生物学教学改革及实验教学研究 [M]. 成都：西南交通大学出版社，2018.

[30] 陈吉宝. 浅谈生物化学专业实践教学过程中存在的问题和改革 [M]. 青岛：中国海洋大学出版社，2018.